Antony C. Sutton

Wall Street e
l'ascesa di Hitler

Antony C. Sutton
(1925-2002)

Economista e saggista americano di origine britannica, Stanford Fellow presso la Hoover Institution dal 1968 al 1973. Ha insegnato economia all'UCLA. Ha studiato a Londra, Gottinga e UCLA e ha conseguito il dottorato in scienze presso l'Università di Southampton (Inghilterra).

Wall Street e l'ascesa di Hitler

Wall Street and the rise of Hitler
Pubblicato per la prima volta da New Rochelle, NY:
Arlington House - 1976

Tradotto e pubblicato da Omnia Veritas Limited

www.omnia-veritas.com

© Omnia Veritas Ltd - 2025

Informazioni sul professor Sutton

"E se uno prevale contro di lui, due gli resisteranno; e un triplice cordone non si spezza rapidamente" (Ecclesiaste 4:12).

Professor Sutton (1925-2002).

Sebbene sia stato un autore prolifico, il professor Sutton sarà sempre ricordato per la sua grande trilogia: *Wall St. e la rivoluzione bolscevica, Wall St. e l'ascesa di Hitler* e *Wall St. e FDR*.

Il professor Sutton lasciò la piovosa e nuvolosa Inghilterra per la soleggiata California nel 1957. Era una voce che gridava nel deserto accademico quando la maggior parte dei college statunitensi aveva venduto l'anima per i soldi della Fondazione Rockefeller.

Naturalmente è arrivato in questo Paese credendo che fosse la terra dei *liberi* e la patria dei *coraggiosi*.

ANTONY C. SUTTON è nato a Londra nel 1925 e ha studiato presso le università di Londra, Gottingen e California. Cittadino degli Stati Uniti dal 1962, dal 1968 al 1973 è stato ricercatore presso l'Hoover Institution for War, Revolution and Peace di Stanford, in California, dove ha realizzato il monumentale studio in tre volumi *Western Technology and Soviet Economic Development*.

Nel 1974, il professor Sutton ha completato *National Suicide: Military Aid to the Soviet Union,* un best seller sull'assistenza tecnologica e finanziaria dell'Occidente, soprattutto americano, all'URSS. *Wall Street and the Rise of Hitler* è il suo quarto libro che espone il ruolo degli addetti ai lavori americani nel finanziamento del socialismo internazionale. Gli altri due libri di questa serie sono *Wall Street e la rivoluzione bolscevica* e *Wall Street e FDR.*

Il professor Sutton ha pubblicato articoli su Human Events, The Review of the News, Triumph, Ordnance, National Review e molte altre riviste. Attualmente sta lavorando a uno studio in due parti sul Federal Reserve System e sulla manipolazione del sistema economico statunitense. Sposato e padre di due figlie, ha vissuto in California.

Dedicato alla memoria di Floyd Paxton, imprenditore, inventore, scrittore e americano che ha creduto e lavorato per i diritti individuali in una società libera secondo la Costituzione.

Prefazione

Questo è il terzo e ultimo volume di una trilogia che descrive il ruolo dei socialisti corporativi americani, altrimenti noti come l'élite finanziaria di Wall Street o l'establishment liberale orientale, in tre significativi eventi storici del XX secolo: la Rivoluzione Lenin-Trotsky del 1917 in Russia, l'elezione di Franklin D. Roosevelt negli Stati Uniti nel 1933 e la presa di potere di Adolf Hitler in Germania nel 1933.

Ognuno di questi eventi ha introdotto una qualche variante del socialismo in un paese importante: *il* socialismo bolscevico in Russia, il socialismo del New Deal negli Stati Uniti e il nazionalsocialismo in Germania.

Le storie accademiche contemporanee, con forse la sola eccezione di *Tragedy And Hope* di Carroll Quigley, *ignorano* queste prove. D'altra parte, è comprensibile che le università e le organizzazioni di ricerca, che dipendono dagli aiuti finanziari di fondazioni controllate da questa stessa élite finanziaria newyorkese, difficilmente vogliano sostenere e pubblicare ricerche su questi aspetti della politica internazionale. È improbabile che il più coraggioso dei fiduciari morda la mano che nutre la sua organizzazione.

Dalle prove di questa trilogia risulta inoltre evidente che gli "uomini d'affari di spirito pubblico" non si recano a Washington come lobbisti e amministratori per servire gli Stati Uniti. Sono a Washington per servire i propri interessi di massimizzazione del profitto. Il loro scopo non è quello di promuovere un'economia competitiva e di libero mercato, ma di manipolare un regime politicizzato, chiamatelo come volete, a proprio vantaggio. *Wall Street e l'ascesa di Hitler* è il tema della manipolazione degli affari in occasione dell'ascesa al potere di Hitler nel marzo 1933.

Luglio 1976

Antony C. Sutton

Introduzione

Sfaccettature inesplorate del nazismo

Fin dai primi anni Venti sono circolate notizie infondate secondo le quali non solo gli industriali tedeschi, ma anche i finanzieri di Wall Street avrebbero avuto un ruolo - forse sostanziale - nell'ascesa di Hitler e del nazismo. Questo libro presenta prove inedite, in gran parte provenienti dai fascicoli del Tribunale militare di Norimberga, a sostegno di questa ipotesi. Tuttavia, l'impatto e la suggestività delle prove non possono essere colti solo leggendo questo volume. Due libri precedenti di questa serie, *Wall Street e la rivoluzione bolscevica*[1] e *Wall Street e FDR*[2], hanno descritto il ruolo delle stesse aziende, e spesso degli stessi individui e dei loro colleghi direttori, duramente impegnati a manipolare e aiutare la rivoluzione bolscevica in Russia nel 1917, a sostenere Franklin D. Roosevelt per la presidenza degli Stati Uniti nel 1933 e a favorire l'ascesa di Hitler nella Germania prebellica.

Questo gruppo politicamente attivo a Wall Street è più o meno lo stesso circolo elitario conosciuto generalmente tra i conservatori come "establishment liberale", dai liberali (per esempio G. William Domhoff) come "classe dirigente",[3] e dai teorici del complotto Gary

---

[1] (New York: Arlington House Publishers, 1974)

[2] (New York: Arlington House Publishers, 1975)

[3] *I circoli superiori: The Governing Class in America*, (New York: Vintage, 1970)

Allen[4] e Dan Smoot[5] come gli "Insider". Ma comunque si chiami questo gruppo elitario che si auto-perpetua, esso è apparentemente fondamentalmente significativo nella determinazione degli affari mondiali, a un livello molto superiore a quello dei politici eletti.

L'influenza e l'opera di questo stesso gruppo nell'ascesa di Hitler e della Germania nazista è il tema di questo libro. Si tratta di un'area di ricerca storica quasi del tutto inesplorata dal mondo accademico. È un campo storico minato per gli incauti e gli sprovveduti che non conoscono le complessità delle procedure di ricerca. I sovietici hanno a lungo accusato i banchieri di Wall Street di appoggiare il fascismo internazionale, ma i loro precedenti di accuratezza storica difficilmente prestano credito alle loro accuse in Occidente, e naturalmente non criticano il sostegno al loro marchio di fascismo.

Questo autore si colloca in un campo diverso. Accusato in passato di essere eccessivamente critico nei confronti del sovietismo e del socialismo nazionale, ignorando invece Wall Street e l'ascesa di Hitler, questo libro si spera possa rimediare a un presunto e alquanto impreciso squilibrio filosofico e sottolineare il vero punto in questione: Qualunque sia il nome del sistema collettivista - socialismo sovietico, socialismo del New Deal, socialismo aziendale o nazionalsocialismo - è il cittadino medio, l'uomo della strada, che alla fine perde rispetto ai ragazzi che gestiscono le operazioni al vertice. Ogni sistema, a suo modo, è un sistema di saccheggio, un dispositivo organizzativo per far sì che tutti vivano (o tentino di vivere) a spese di tutti gli altri, mentre i leader elitari, i governanti e i politici, si prendono la crema dalla cima.

Il ruolo di questa élite di potere americana nell'ascesa di Hitler dovrebbe essere considerato anche in relazione a un aspetto poco noto dell'hitlerismo che viene esplorato solo ora: le origini mistiche

---

[4] *None Dare Call It Conspiracy*, (Rossmoor: Concord Press, 1971). Per un'altra visione basata su documenti "interni", si veda Carroll Quigley, *Tragedy and Hope* (New York: The Macmillan Company, 1966).

[5] *Il governo invisibile*, (Boston: Western Islands, 1962)

del nazismo e le sue relazioni con la Società Thule e con altri gruppi cospiratori. L'autore non è un esperto di occultismo o di cospirazione, ma è ovvio che le origini mistiche, le radici storiche neopagane del nazismo, gli Illuminati di Baviera e la Società Thule sono aree relativamente sconosciute che devono ancora essere esplorate da ricercatori tecnicamente competenti. Alcune ricerche sono già registrate in francese; probabilmente la migliore introduzione in inglese è la traduzione di *Hitler et la Tradition Cathare* di Jean Michel Angebert.[6]

Angebert rivela la crociata del 1933 di Otto Rahn, membro *delle Schutzstaffel*, alla ricerca del Santo Graal, che si sarebbe trovato in una roccaforte catara nel sud della Francia. La prima gerarchia nazista (Hitler e Himmler, oltre a Rudolph Hess e Rosenberg) era impregnata di una teologia neopagana, in parte associata alla Società Thule, i cui ideali erano vicini a quelli degli Illuminati di Baviera. Si trattava di una forza motrice sommersa del nazismo, con una potente presa mistica sui fedeli più accaniti della S.S.. I nostri storici contemporanei dell'establishment menzionano a malapena, e tanto meno esplorano, queste origini occulte; di conseguenza, si perdono un elemento altrettanto importante delle origini finanziarie del nazionalsocialismo.

Nel 1950 James Stewart Martin pubblicò un libro molto leggibile, *All Honorable Men*[7], che descriveva le sue esperienze come capo della Sezione Guerra Economica del Dipartimento di Giustizia che indagava sulla struttura dell'industria nazista. Martin afferma che uomini d'affari americani e britannici si fecero nominare in posizioni chiave in questa indagine del dopoguerra per deviare, soffocare e mettere a tacere le indagini sugli industriali nazisti e tenere così nascosto il proprio coinvolgimento. Un ufficiale

---

[6] Pubblicato in inglese come *The Occult and the Third Reich*, (Le origini mistiche del nazismo e la ricerca del Santo Graal), (New York: The Macmillan Company, 1974). Si veda anche Reginald H. Phelps, "Prima che Hitler arrivasse: Thule Society and Germanen Orden" nel *Journal of Modern History*, settembre 1968, n. 3.

[7] (Boston: Little Brown and Company, 1950)

britannico è stato condannato dalla corte marziale a due anni di carcere per aver protetto un nazista e diversi funzionari americani sono stati rimossi dalle loro posizioni. Perché gli uomini d'affari americani e britannici avrebbero voluto proteggere gli uomini d'affari nazisti? In pubblico sostenevano che si trattava di semplici uomini d'affari tedeschi che non avevano nulla a che fare con il regime nazista ed erano innocenti di complicità nelle cospirazioni naziste. Martin non approfondisce questa spiegazione, ma è ovviamente insoddisfatto e scettico al riguardo. Le prove suggeriscono che ci fu uno sforzo concertato non solo per proteggere gli uomini d'affari nazisti, ma anche per proteggere gli elementi collaborativi dalle imprese americane e britanniche.

Gli uomini d'affari tedeschi avrebbero potuto rivelare molti fatti scomodi: In cambio di protezione, raccontarono ben poco. Non *è* certo una coincidenza che gli industriali hitleriani processati a Norimberga abbiano ricevuto meno di un buffetto. Ci chiediamo se i processi di Norimberga non avrebbero dovuto tenersi a Washington - con alcuni importanti uomini d'affari statunitensi e nazisti sul banco degli imputati!

Due estratti da fonti contemporanee introdurranno e suggeriranno il tema da approfondire. Il primo estratto proviene dagli archivi dello stesso Roosevelt. L'ambasciatore americano in Germania, William Dodd, scrisse a FDR da Berlino il 19 ottobre 1936 (tre anni dopo l'ascesa al potere di Hitler), a proposito degli industriali americani e del loro aiuto ai nazisti:

> *Per quanto io creda nella pace come migliore politica, non posso evitare i timori che Wilson ha sottolineato più di una volta nelle conversazioni con me, il 15 agosto 1915 e successivamente: la rottura della democrazia in tutta Europa sarà un disastro per i popoli. Ma cosa si può fare? Attualmente più di cento società americane hanno filiali qui o accordi di cooperazione.*

> *I DuPont hanno tre alleati in Germania che li aiutano nel commercio degli armamenti. Il loro principale alleato è la I. G. Farben Company, una parte del governo che dà*

200.000 marchi all'anno a un'organizzazione di propaganda che opera sull'opinione pubblica americana. La Standard Oil Company (sotto-società di New York) ha inviato qui 2.000.000 di dollari nel dicembre 1933 e ha guadagnato 500.000 dollari all'anno aiutando i tedeschi a produrre gas surrogato per scopi bellici; ma la Standard Oil non può portare fuori dal Paese nessuno dei suoi guadagni se non in merci. La Standard Oil non può portare fuori dal Paese i suoi guadagni, se non in merci, e lo fa poco, dichiarando i suoi guadagni sul sito, ma non spiegando i fatti. Il presidente della International Harvester Company mi ha detto che i loro affari qui sono aumentati del 33% all'anno (produzione di armi, credo), ma non possono portare nulla fuori. Anche i nostri aeroplani hanno accordi segreti con la Krupps. La General Motor Company e la Ford fanno enormi affari/sic] qui attraverso le loro filiali e non ne traggono alcun profitto. Cito questi fatti perché complicano le cose e aumentano i pericoli di guerra.[8]

In secondo luogo, una citazione dal diario dello stesso ambasciatore americano in Germania. Il lettore deve tenere presente che un rappresentante della citata Vacuum Oil Company - così come i rappresentanti di altre aziende americane sostenitrici del nazismo - fu nominato nella Commissione di controllo postbellica per la denazificazione dei nazisti:

25 gennaio. Giovedì. Il nostro addetto commerciale ha portato da me il dottor Engelbrecht, presidente della Vacuum Oil Company di Amburgo. Engelbrecht ha ripetuto ciò che aveva detto un anno fa: "La Standard Oil Company di New York, la società madre della Vacuum, ha speso 10.000.000 di marchi in Germania cercando di trovare risorse petrolifere e costruendo una grande raffineria vicino al porto di Amburgo". Engelbrecht sta

---

[8] Edgar B. Nixon, ed., *Franklin D. Roosevelt and Foreign Affairs*, Volume III: September 1935-January 1937, (Cambridge: Belknap Press, 1969), p. 456.

> *ancora scavando pozzi e trovando una buona quantità di petrolio grezzo nella regione di Hannover, ma non spera in grandi giacimenti. Spera che il dottor Schacht sovvenzioni la sua azienda come fa con alcune aziende tedesche che non hanno trovato petrolio grezzo. La Vacuum spende tutti i suoi guadagni qui, impiega 1.000 uomini e non manda mai i soldi a casa. Non ho potuto incoraggiarlo.*[9]

E ancora:

> *Questi uomini erano a malapena usciti dall'edificio prima che l'avvocato entrasse di nuovo per riferire le sue difficoltà. Non potevo fare nulla. Tuttavia, gli chiesi Perché la Standard Oil Company di New York ha inviato qui 1.000.000 di dollari nel dicembre 1933 per aiutare i tedeschi a produrre benzina dal carbone dolce per le emergenze belliche? Perché la International Harvester continua a produrre in Germania quando la sua azienda non ricava nulla dal Paese e non è riuscita a incassare le perdite di guerra? Ha capito il mio punto di vista e ha convenuto che sembrava una follia e che significava solo maggiori perdite se fosse scoppiata un'altra guerra.*[10]

L'alleanza tra il potere politico nazista e le "grandi imprese" americane poteva sembrare sciocca all'ambasciatore Dodd e all'avvocato americano da lui interpellato. In pratica, naturalmente, le "grandi imprese" sono tutt'altro che sciocche quando si tratta di promuovere i propri interessi personali. Gli investimenti nella Germania nazista (e quelli analoghi nell'Unione Sovietica) erano il riflesso di politiche superiori, con in gioco molto più del profitto immediato, anche se i profitti non potevano essere rimpatriati. Per rintracciare queste "politiche superiori" bisogna penetrare nel controllo finanziario delle multinazionali, perché chi controlla i

---

[9] A cura di William E. Dodd Jr. e Martha Dodd, *Ambassador Dodd's Diary, 1933-1938*, (New York: Harcourt Brace and Company, 1941), pag. 303.

[10] Ibidem, p. 358.

flussi finanziari controlla in ultima analisi le politiche quotidiane.

Carroll Quigley[11] ha dimostrato che l'apice di questo sistema di controllo finanziario internazionale prima della Seconda Guerra Mondiale era la Banca dei Regolamenti Internazionali, con i rappresentanti delle banche internazionali di Europa e Stati Uniti, in un accordo che è continuato per tutta la Seconda Guerra Mondiale. Durante il periodo nazista, il rappresentante della Germania presso la Banca dei Regolamenti Internazionali era il genio finanziario di Hitler e presidente della Reichsbank, Hjalmar Horace Greeley Schacht.

Hjalmar Horace Greeley Schacht

Il coinvolgimento di Wall Street nella Germania di Hitler mette in evidenza due tedeschi legati a Wall Street: Hjalmar Schacht e "Putzi" Hanfstaengl. Quest'ultimo era un amico di Hitler e di Roosevelt che ebbe un ruolo di sospetto rilievo nell'incidente che portò Hitler all'apice del potere dittatoriale: l'incendio del Reichstag del 1933.[12]

La storia iniziale di Hjalmar Schacht, e in particolare il suo ruolo in Unione Sovietica dopo la Rivoluzione bolscevica del 1917, è stata descritta nel mio libro precedente, *Wall Street e la Rivoluzione bolscevica*. L'anziano Schacht aveva lavorato all'ufficio di Berlino della Equitable Trust Company di New York all'inizio del XX secolo. Hjalmar nacque in Germania e non a New York solo a causa della malattia della madre, che costrinse la famiglia a tornare in Germania. Il fratello William Schacht era nato in America. Per ricordare le sue origini americane, i secondi nomi di Hjalmar furono designati "Horace Greeley", come il noto politico democratico. Di conseguenza, Hjalmar parlava correntemente l'inglese e l'interrogatorio postbellico di Schacht nel Progetto Dustbin fu condotto sia in tedesco che in inglese. Il punto da sottolineare è che

---

[11] Quigley, op. cit.

[12] Per ulteriori informazioni su "Putzi" Hanfstaengl, vedere il Capitolo 9.

la famiglia Schacht aveva origini a New York, lavorava per l'importante società finanziaria di Wall Street Equitable Trust (controllata dalla Morgan) e per tutta la vita Hjalmar mantenne questi legami con Wall Street.[13] I giornali e le fonti contemporanee riportano ripetute visite a Owen Young della General Electric, a Farish, presidente della Standard Oil del New Jersey, e alle loro controparti bancarie. In breve, Schacht era un membro dell'élite finanziaria internazionale che esercita il suo potere dietro le quinte attraverso l'apparato politico di una nazione. È un anello di congiunzione fondamentale tra l'élite di Wall Street e la cerchia ristretta di Hitler.

Questo libro è diviso in due parti principali. La prima parte documenta la formazione dei cartelli tedeschi attraverso i piani Dawes e Young negli anni Venti. Questi cartelli furono i principali sostenitori di Hitler e del nazismo e furono direttamente responsabili della salita al potere dei nazisti nel 1933. Viene delineato il ruolo delle americane I.G. Farben, General Electric, Standard Oil of New Jersey, Ford e altre aziende statunitensi. La seconda parte presenta le prove documentali conosciute sul finanziamento di Hitler, con tanto di riproduzione fotografica dei bollettini bancari utilizzati per trasferire fondi dalla Farben, dalla General Electric e da altre aziende a Hitler, attraverso Hjalmar Horace Greeley Schacht.

---

[13] Per i rapporti di Sehacht con i sovietici e con Wall Street, e per la sua direzione di una banca sovietica, si veda Sutton, *Wall Street and the Bolshevik Revolution*, op. cit.

Capitolo primo

Wall Street spiana la strada a Hitler

Il Piano Dawes, adottato nell'agosto 1924, si adattava perfettamente ai piani degli economisti militari dello Stato Maggiore tedesco. (Testimonianza davanti al Senato degli Stati Uniti, Commissione per gli Affari Militari, 1946).

La commissione Kilgore del Senato degli Stati Uniti dopo la seconda guerra mondiale ha ascoltato prove dettagliate da parte di funzionari governativi,

...quando i nazisti salirono al potere nel 1933, si accorsero che dal 1918 erano stati fatti grandi passi avanti nella preparazione della Germania alla guerra dal punto di vista economico e industriale.[14]

Questa preparazione alla guerra europea, sia prima che dopo il 1933, fu in gran parte dovuta all'assistenza finanziaria di Wall Street negli anni Venti per creare il sistema di cartelli tedesco e all'assistenza tecnica di note aziende americane, che verranno identificate in seguito, per costruire la Wehrmacht tedesca. Mentre questa assistenza finanziaria e tecnica viene definita "accidentale" o dovuta alla "miopia" degli uomini d'affari americani, le prove presentate di seguito suggeriscono fortemente un certo grado di premeditazione

---

[14] Congresso degli Stati Uniti. Senato. Audizioni davanti a una sottocommissione della commissione per gli affari militari. Eliminazione delle risorse tedesche per la guerra. Report pursuant to S. Res. 107 and 146, July 2, 1945, Part 7, (78th Congress and 79th Congress), (Washington: Government Printing Office, 1945), di seguito citato come Elimination of German Resources.

da parte di questi finanzieri americani. Simili e inaccettabili appelli alla "casualità" sono stati fatti a nome dei finanzieri americani e degli industriali di nell'esempio parallelo della costruzione della potenza militare dell'Unione Sovietica dal 1917 in poi. Eppure questi capitalisti americani erano disposti a finanziare e sovvenzionare l'Unione Sovietica mentre era in corso la guerra del Vietnam, sapendo che i sovietici stavano rifornendo l'altra parte.

Il contributo del capitalismo americano ai preparativi bellici tedeschi prima del 1940 può essere definito fenomenale. È stato certamente cruciale per le capacità militari tedesche.

Ad esempio, nel 1934 la Germania produceva internamente solo 300.000 tonnellate di prodotti petroliferi naturali e meno di 800.000 tonnellate di benzina sintetica; il resto veniva importato. Tuttavia, dieci anni più tardi, durante la Seconda Guerra Mondiale, dopo il trasferimento dei brevetti e della tecnologia di idrogenazione della Standard Oil of New Jersey alla I.G. Farben (utilizzati per produrre benzina sintetica dal carbone), la Germania produsse circa 6 milioni e mezzo di tonnellate di petrolio - di cui l'85% (5 milioni e mezzo di tonnellate) era costituito da petrolio sintetico che utilizzava il processo di idrogenazione della Standard Oil. Inoltre, il controllo della produzione di petrolio sintetico in Germania era detenuto dalla filiale di I. G. Farben, Braunkohle-Benzin A. G., e questo cartello Farben stesso fu creato nel 1926 con l'assistenza finanziaria di Wall Street.

D'altra parte, l'impressione generale che gli storici moderni lasciano al lettore è che l'assistenza tecnica americana fosse accidentale e che gli industriali americani fossero innocenti. Ad esempio, il Comitato Kilgore ha dichiarato che:

> *Gli Stati Uniti giocarono accidentalmente un ruolo importante nell'armamento tecnico della Germania. Sebbene i pianificatori militari tedeschi avessero ordinato e convinto le aziende manifatturiere a installare attrezzature moderne per la produzione di massa, né gli economisti militari né le aziende sembrano aver capito fino in fondo cosa ciò significasse. Gli occhi si sono*

> *aperti quando due delle principali aziende automobilistiche americane hanno costruito stabilimenti in Germania per poter vendere sul mercato europeo, senza l'handicap delle spese di trasporto oceanico e delle alte tariffe tedesche. I tedeschi furono portati a Detroit per imparare le tecniche di di produzione specializzata di componenti e di assemblaggio in linea. Ciò che videro provocò un'ulteriore riorganizzazione e ristrutturazione di altri importanti stabilimenti bellici tedeschi. Le tecniche apprese a Detroit furono infine utilizzate per costruire gli Stukas da bombardamento in picchiata.... In un secondo momento, i rappresentanti di I. In un secondo momento, i rappresentanti della I.G. Farben in questo Paese permisero a un flusso di ingegneri tedeschi di visitare non solo gli stabilimenti aerei, ma anche altri impianti di importanza militare, dai quali appresero molte cose che furono poi utilizzate contro gli Stati Uniti.[15]*

In seguito a queste osservazioni, che sottolineano la natura "accidentale" dell'assistenza, è stato concluso da scrittori accademici come Gabriel Kolko, che di solito non è un sostenitore del grande capitale, che:

> *È quasi superfluo sottolineare che le motivazioni delle imprese americane legate a contratti con aziende tedesche non erano pro-naziste, a prescindere da qualsiasi altra cosa. nazista, a prescindere da tutto il resto.[16]*

Eppure, a dispetto di Kolko, le analisi della stampa economica americana contemporanea confermano che i giornali e le riviste economiche erano pienamente consapevoli della minaccia nazista e della sua natura, e mettevano in guardia i loro lettori dai preparativi

---

[15] Eliminazione delle risorse tedesche, p. 174.

[16] Gabriel Kolko, "American Business and Germany, 1930-1941", *The Western Political Quarterly*, Volume XV, 1962.

bellici tedeschi. E anche Kolko lo ammette:

> *La stampa economica [negli Stati Uniti] era consapevole, a partire dal 1935, che la prosperità tedesca era basata sui preparativi per la guerra. Ancora più importante, era consapevole del fatto che l'industria tedesca era sotto il controllo dei nazisti e veniva indirizzata a servire il riarmo della Germania, e l'azienda citata più frequentemente in questo contesto era il gigantesco impero chimico, I.G. Farben.[17]*

Inoltre, le prove presentate di seguito suggeriscono che non solo un settore influente dell'imprenditoria americana era consapevole della natura del nazismo, ma che per i propri scopi aiutava il nazismo ovunque fosse possibile (e redditizio) - con la *piena consapevolezza che il probabile risultato sarebbe stata una guerra che avrebbe coinvolto Europa e Stati Uniti*. Come vedremo, gli appelli all'innocenza non sono in accordo con i fatti.

1924: Il Piano Dawes

Il Trattato di Versailles dopo la Prima Guerra Mondiale impose un pesante onere di riparazione alla Germania sconfitta. Questo onere finanziario - vera causa del malcontento tedesco che portò all'accettazione dell'hitlerismo - fu utilizzato dai banchieri internazionali a proprio vantaggio.

L'opportunità di far circolare negli Stati Uniti prestiti redditizi per i cartelli tedeschi si presentò con il Piano Dawes e successivamente con il Piano Young. Entrambi i piani furono ideati da questi banchieri centrali, che presidiavano i comitati per i propri vantaggi pecuniari e, sebbene tecnicamente i comitati non fossero nominati dal governo degli Stati Uniti, i piani erano di fatto approvati e sponsorizzati dal governo.

---

[17] Ibidem, p. 715.

I mercanteggiamenti del dopoguerra da parte di finanzieri e politici fissarono le riparazioni tedesche a un importo annuo di 132 miliardi di marchi d'oro. Si trattava di circa un quarto delle esportazioni totali della Germania nel 1921. Quando la Germania non fu in grado di effettuare questi ingenti pagamenti, Francia e Belgio occuparono la Ruhr per prendere con la forza ciò che non poteva essere ottenuto volontariamente. Nel 1924 gli Alleati nominarono un comitato di banchieri (guidato dal banchiere americano Charles G. Dawes) per sviluppare un programma di pagamenti di riparazione. Il Piano Dawes che ne risultò fu, secondo il professore di Relazioni Internazionali della Georgetown University Carroll Quigley, "in gran parte una produzione di J.P. Morgan".[18] Il Piano Dawes organizzò una serie di prestiti esteri per un totale di 800 milioni di dollari, i cui proventi confluirono in Germania. Questi prestiti sono importanti per la nostra storia perché i proventi, raccolti per la maggior parte negli Stati Uniti da investitori in dollari, furono utilizzati a metà degli anni Venti per creare e consolidare le gigantesche aggregazioni chimiche e siderurgiche di I. G. Farben e Vereinigte Stahlwerke, rispettivamente. Questi cartelli non solo aiutarono Hitler a salire al potere nel 1933, ma produssero anche la maggior parte dei principali materiali bellici tedeschi utilizzati nella Seconda Guerra Mondiale.

Tra il 1924 e il 1931, nell'ambito del Piano Dawes e del Piano Young, la Germania pagò agli Alleati circa 86 miliardi di marchi in riparazioni. Allo stesso tempo, la Germania prese in prestito all'estero, soprattutto negli Stati Uniti, circa 138 miliardi di marchi, con un pagamento netto tedesco di soli tre miliardi di marchi per le riparazioni. Di conseguenza, l'onere delle riparazioni monetarie tedesche agli Alleati fu in realtà sostenuto dai sottoscrittori stranieri di obbligazioni tedesche emesse dalle case finanziarie di Wall Street, ovviamente con profitti significativi per loro stessi. E, si noti, queste aziende erano di proprietà degli stessi finanzieri che periodicamente si toglievano il cappello da banchieri per indossarne uno nuovo e diventare "statisti". Come "statisti" hanno formulato i piani Dawes e Young per "risolvere" il "problema" delle riparazioni.

---

[18] Carroll Quigley, op. cit.

In qualità di banchieri, hanno concesso i prestiti. Come sottolinea Carroll Quigley,

> *È da notare che questo sistema è stato creato dai banchieri inter-nazionali e che il successivo prestito di denaro altrui alla Germania è stato molto redditizio per questi banchieri.*[19]

Chi erano i banchieri internazionali di New York che hanno formato queste commissioni di riparazione?

Gli esperti statunitensi del Piano Dawes del 1924 erano il banchiere Charles Dawes e il rappresentante della Morgan Owen Young, che era presidente della General Electric Company. Dawes fu presidente del Comitato di esperti alleati nel 1924. Nel 1929 Owen Young divenne presidente del Comitato di esperti, sostenuto dallo stesso J.P. Morgan, con i supplenti T. W. Lamont, socio di Morgan, e T. N. Perkins, banchiere con associazioni Morgan. In altre parole, le delegazioni statunitensi erano puramente e semplicemente, come ha sottolineato Quigley, delegazioni di J. P. Morgan che utilizzavano l'autorità e il sigillo degli Stati Uniti per promuovere piani finanziari a proprio vantaggio pecuniario. Di conseguenza, come dice Quigley, i "banchieri internazionali sedevano in paradiso, sotto una pioggia di tasse e commissioni".[20]

I membri tedeschi del Comitato di esperti erano altrettanto interessanti. Nel 1924 Hjalmar Schacht era presidente della Reichsbank e aveva assunto un ruolo di primo piano nell'organizzazione del Piano Dawes, così come il banchiere tedesco Carl Melchior. Uno dei delegati tedeschi del 1928 era A. Voegler del cartello tedesco dell'acciaio Stahlwerke Vereinigte. In breve, i due principali Paesi coinvolti - Stati Uniti e Germania - erano rappresentati dai banchieri Morgan da una parte e da Schacht e Voegler dall'altra, entrambi personaggi chiave nell'ascesa della

---

[19] Ibidem, p. 308.

[20] Carroll Quigley, op. cit., p. 309.

Germania di Hitler e nel successivo riarmo tedesco.

Infine, i membri e i consulenti delle Commissioni Dawes e Young non solo erano associati alle case finanziarie di New York ma, come vedremo in seguito, erano direttori di aziende all'interno dei cartelli tedeschi che hanno favorito la salita al potere di Hitler.

1928: Il Piano Giovani

Secondo il genio finanziario di Hitler, Hjalmar Horace Greeley Schacht, e l'industriale nazista Fritz Thyssen, fu il Piano Young del 1928 (il successore del Piano Dawes), formulato dall'agente Morgan Owen D. Young, a portare Hitler al potere nel 1933. Fritz Thyssen sostiene che,

> *Mi sono avvicinato al Partito Nazionalsocialista solo dopo essermi convinto che la lotta contro il Piano Young era inevitabile se si voleva evitare il crollo completo della Germania.*[21]

La differenza tra il Piano Young e il Piano Dawes era che, mentre il Piano Young richiedeva pagamenti in beni prodotti in Germania finanziati da prestiti esteri, il Piano Young richiedeva pagamenti monetari e "A mio giudizio [scriveva Thyssen] il debito finanziario così creato era destinato a sconvolgere l'intera economia del Reich".

Il Piano Young sarebbe stato un espediente per occupare la Germania con capitali americani e per dare in pegno beni immobili tedeschi a fronte di una gigantesca ipoteca detenuta negli Stati Uniti. È degno di nota il fatto che le imprese tedesche con affiliazioni negli Stati Uniti abbiano eluso il Piano con l'espediente della proprietà straniera temporanea. Ad esempio, la A.E.G. (German General Electric), affiliata alla General Electric negli Stati Uniti, fu venduta a una holding franco-belga, eludendo le condizioni del Piano Young. Va ricordato che Owen Young fu il principale finanziatore

---

[21] Fritz Thyssen, *I Paid Hitler*, (New York: Farrar & Rinehart, Inc., n.d.), p. 88.

di Franklin D. Roosevelt nell'impresa United European quando FDR, finanziere in erba di Wall Street, cercò di trarre vantaggio dall'iperinflazione tedesca del 1925. L'impresa dell'Europa Unita fu un veicolo per speculare e trarre profitto dall'imposizione del Piano Dawes e rappresenta una chiara prova del fatto che i finanzieri privati (compreso Franklin D. Roosevelt) usarono il potere dello Stato per promuovere i propri interessi manipolando la politica estera.

L'accusa parallela di Schacht, secondo cui Owen Young sarebbe stato responsabile dell'ascesa di Hitler, pur essendo ovviamente auto-assolutoria, è riportata in un rapporto dell'intelligence governativa statunitense relativo all'interrogatorio del dottor Fritz Thyssen nel settembre 1945:

> *L'accettazione del Piano Young e dei suoi principi finanziari aumentò sempre di più la disoccupazione, fino a raggiungere circa un milione di disoccupati.*
>
> *La gente era disperata. Hitler disse che avrebbe eliminato la disoccupazione. Il governo al potere in quel momento era pessimo e la situazione della gente stava peggiorando. Questo fu il motivo dell'enorme successo elettorale di Hitler. Alle ultime elezioni ottenne circa il 40%.[22]*

Tuttavia, fu Schacht, e non Owen Young, a concepire l'idea che poi divenne la Banca dei Regolamenti Internazionali. I dettagli veri e propri furono elaborati in una conferenza presieduta da Jackson Reynolds, "uno dei principali banchieri di New York", insieme a Melvin Traylor della First National Bank di Chicago, Sir Charles Addis, ex della Hong Kong and Shanghai Banking Corporation, e

---

[22] U.S. Group Control Council (Germany), Office of the Director of Intelligence, Intelligence Report No. EF/ME/1, 4 settembre 1945. Si veda anche Hjalmar Schacht, *Confessioni del "vecchio mago"*, (Boston: Houghton Mifflin, 1956).

vari banchieri francesi e tedeschi.[23] La B.I.S. era essenziale nell'ambito del Piano Young come mezzo per fornire uno strumento pronto a promuovere le relazioni finanziarie internazionali. Secondo le sue stesse dichiarazioni, Schacht diede a Owen Young anche l'idea che poi divenne la Banca Internazionale per la Ricostruzione e lo Sviluppo del secondo dopoguerra:

> *"Una banca di questo tipo richiederà una cooperazione finanziaria tra vinti e vincitori che porterà a una comunità di interessi che, a sua volta, darà origine alla fiducia e alla comprensione reciproca, promuovendo e garantendo così la pace".*

> *Ricordo ancora vividamente l'ambiente in cui si svolse questa conversazione. Owen Young era seduto sulla sua poltrona a fumare la pipa, con le gambe distese e gli occhi acuti fissi su di me. Come è mia abitudine quando propongo argomenti di questo tipo, stavo facendo un tranquillo e costante "quarto di ponte" su e giù per la stanza. Quando ebbi finito ci fu una breve pausa. Poi tutto il suo volto si illuminò e la sua determinazione trovò espressione nelle parole:*

> *"Dottor Schacht, lei mi ha dato un'idea meravigliosa e io la venderò al mondo".[24]*

B.I.S. - L'apice del controllo

Questa interazione di idee e cooperazione tra Hjalmar Schacht in Germania e, attraverso Owen Young, gli interessi di J.P. Morgan a New York, era solo un aspetto di un vasto e ambizioso sistema di cooperazione e alleanza internazionale per il controllo del mondo. Come descritto da Carroll Quigley, questo sistema era "... niente di

---

[23] Hjalmar Schacht, op. cit., p. 18. Fritz Thyssen aggiunge: "Anche all'epoca il signor Dillon, un banchiere newyorkese di origine ebraica che ammiro molto, mi disse: "Al suo posto non avrei firmato il piano"".

[24] Ibidem, p. 282.

meno che creare un sistema mondiale di controllo finanziario, in mani private, in grado di dominare il sistema politico di ogni Paese e l'economia del mondo nel suo complesso.[25]

Questo sistema feudale funzionava negli anni Venti, come funziona oggi, attraverso i banchieri centrali privati di ogni Paese che controllano la massa monetaria nazionale delle singole economie. Negli anni Venti e Trenta, il Federal Reserve System di New York, la Banca d'Inghilterra, la Reichs-bank in Germania e la Banque de France influenzarono più o meno indirettamente l'apparato politico dei rispettivi Paesi attraverso il controllo dell'offerta di moneta e la creazione dell'ambiente monetario. Un'influenza più diretta è stata esercitata attraverso la fornitura di fondi politici o il ritiro del sostegno a politici e partiti. Negli Stati Uniti, ad esempio, il presidente Herbert Hoover imputò la sua sconfitta del 1932 al ritiro del sostegno da parte di Wall Street e al passaggio dei finanziamenti e dell'influenza di Wall Street a Franklin D. Roosevelt.

I politici che si adeguano agli obiettivi del capitalismo finanziario e le accademie prolifiche di idee per il controllo del mondo utili ai banchieri internazionali sono tenuti in riga con un sistema di premi e sanzioni. All'inizio degli anni Trenta il veicolo guida di questo sistema internazionale di controllo finanziario e politico, definito da Quigley "l'apice del sistema", era la Banca dei Regolamenti Internazionali di Basilea, in Svizzera. L'apice della B.I.S. continuò il suo lavoro durante la Seconda Guerra Mondiale come mezzo attraverso il quale i banchieri - che apparentemente non erano in guerra tra loro - continuarono uno scambio reciprocamente vantaggioso di idee, informazioni e pianificazione per il mondo postbellico. Come ha osservato uno scrittore, la guerra non ha fatto alcuna differenza per i banchieri internazionali:

> *Il fatto che la Banca possedesse un personale veramente internazionale presentava, ovviamente, una situazione altamente anomala in tempo di guerra. Un Presidente americano gestiva gli affari quotidiani della Banca*

---

[25] Carroll Quigley, op. cit., p. 324.

> *attraverso un Direttore generale francese, che aveva un Direttore generale aggiunto tedesco, mentre il Segretario generale era un cittadino italiano. Altri cittadini occupavano altri posti. Questi uomini erano, ovviamente, in contatto personale quotidiano tra loro.*
>
> *Fatta eccezione per il signor McKittrick [vedi infra], durante questo periodo i furti si trovavano ovviamente in Svizzera e non dovevano essere soggetti agli ordini del loro governo in nessun momento. Tuttavia, i direttori della Banca rimasero, ovviamente, nei loro rispettivi Paesi e non ebbero alcun contatto diretto con il personale della Banca. Si sostiene, tuttavia, che H. Schacht, presidente della Reichsbank, abbia mantenuto un rappresentante personale a Basilea durante la maggior parte di questo periodo.[26]*

Erano proprio questi incontri segreti, "... incontri più segreti di quelli mai tenuti dai massoni dell'Arca Reale o da qualsiasi ordine rosacrociano..."[27] tra i banchieri centrali all'"apice" del controllo che incuriosivano tanto i giornalisti contemporanei, anche se solo raramente e brevemente penetravano dietro la maschera della segretezza.

Costruire i cartelli tedeschi

Un esempio pratico di come la finanza internazionale operi dietro le quinte per costruire e manipolare i sistemi politico-economici si trova nel sistema dei cartelli tedeschi. I tre maggiori prestiti gestiti dai banchieri internazionali di Wall Street per i mutuatari tedeschi negli anni Venti, nell'ambito del Piano Dawes, andarono a beneficio di tre cartelli tedeschi che pochi anni dopo favorirono la salita al potere di Hitler e dei nazisti. I finanzieri americani erano

---

[26] Henry H. Schloss, *La Banca dei Regolamenti Internazionali* (Amsterdam, North Holland Publishing Company, 1958).

[27] John Hargrave, *Montagu Norman*, (New York: The Greystone Press, n.d.). p. 108.

direttamente rappresentati nei consigli di amministrazione di due di questi tre cartelli tedeschi. L'assistenza americana ai cartelli tedeschi è stata descritta da James Martin come segue: "Questi prestiti per la ricostruzione divennero un veicolo per accordi che favorirono più la Seconda Guerra Mondiale che la pace dopo la Prima Guerra Mondiale.[28]

I tre cartelli dominanti, gli importi presi in prestito e il sindacato di Wall Street erano i seguenti:

Cartello tedesco	Sindacato di Wall Street	Importo emesso
Elektrizitats-Gesellschaft (A.E.G.) (German General Electric)	National City Co.	$35,000,000
Vereinigte Stahlwerke (Acciaierie Unite)	Dillon, Read & Co.	$70,225,000
I.G. Chemical americana (I.G. Farben)	National City Co.	$30,000,000

Esaminando tutti i prestiti emessi[29], risulta che solo una manciata di società finanziarie di New York si occupò del finanziamento delle riparazioni tedesche. Tre società - Dillon, Read Co.; Harris, Forbes & Co. e National City Company - emisero quasi tre quarti dell'importo nominale totale dei prestiti e raccolsero la maggior parte dei profitti:

Responsabile del sindacato di Wall Street	Partecipazione a emissioni industriali tedesche nel mercato dei capitali statunitense	Profitti sui prestiti tedeschi*	Percentuale del totale
Dillon, Read &	$241,325,000	2,7 milioni	29.2

---

[28] James Stewart Martin, op. cit., p. 70.

[29] Per maggiori dettagli sui prestiti di Wall Street all'industria tedesca, si veda il capitolo sette.

Co.		di dollari	
Harris, Forbes & Co.	186,500,000	1,4 milioni di euro	22.6
National City Co.	173,000,000	5,0 milioni di euro	20.9
Speyer & Co.	59,500,000	0,6 milioni di euro	7.2
Lee, Higginson & Co.	53,000,000	n.d.	6.4
Guaranty Co. of N.Y.	41,575,000	0,2 milioni di euro	5.0
Kuhn, Loeb & Co.	37,500,000	0,2 milioni di euro	4.5
Equitable Trust Co.	34,000,000	0,3 milioni di euro	4.1
TOTALE	$826,400,000	10,4 milioni di dollari	99.9

Fonte: Vedi Appendice A

*Robert R. Kuczynski, Bankers Profits from German Loans (Washington, D.C.: Brookings Institution, 1932), p. 127.

Dopo la metà degli anni Venti, le due grandi imprese tedesche I.G. Farben e Vereinigte Stahlwerke dominarono il sistema di cartello chimico e siderurgico creato da questi prestiti.

Sebbene queste aziende avessero una maggioranza di voti nei cartelli solo per due o tre prodotti di base, erano in grado - attraverso il controllo di questi prodotti di base - di imporre la loro volontà in tutto il cartello. L'I.G. Farben era il principale produttore di prodotti chimici di base utilizzati da altre imprese che producevano prodotti chimici, quindi la sua posizione di potere economico non può essere misurata solo in base alla sua capacità di produrre pochi prodotti chimici di base. Allo stesso modo, Vereinigte Stahlwerke, con una capacità di produzione di ghisa superiore a quella di tutti gli altri produttori tedeschi di ferro e acciaio messi insieme, era in grado di esercitare un'influenza molto maggiore nel cartello dei semilavorati di ferro e acciaio di quanto la sua capacità di produzione di ghisa suggerisca. Tuttavia, la percentuale di produzione di questi cartelli per tutti i prodotti era significativa:

Prodotti Vereinigte Stahlwerke	Percentuale della produzione totale tedesca nel 1938
Ghisa	50.8
Tubi e tubature	45.5
Piastra pesante	36.0
Esplosivi	35.0
Catrame di carbone	33.3
Acciaio da barra	37.1

I.G. Farben	Percentuale del totale tedesco produzione nel 1937
Metanolo sintetico	100.0
Magnesio	100.0
Azoto chimico	70.0
Esplosivi	60.0
Benzina sintetica (ad alto numero di ottani)	46.0 (1945)
Carbone marrone	20.0

Tra i prodotti che portarono I.G. Farben e Vereinigte Stahlwerke alla collaborazione reciproca vi erano il catrame di carbone e l'azoto chimico, entrambi di primaria importanza per la produzione di esplosivi. I.G. Farben aveva una posizione di cartello che assicurava il dominio nella produzione e nella vendita di azoto chimico, ma possedeva solo l'1% circa della capacità di cokeria della Germania. Fu quindi stipulato un accordo in base al quale le filiali di Farben che si occupano di esplosivi ottenevano il benzolo, il toluolo e altri prodotti primari del catrame di carbone alle condizioni dettate da Vereinigte Stahlwerke, mentre la filiale di Vereinigte Stahlwerke che si occupa di esplosivi dipendeva per i nitrati dalle condizioni stabilite da Farben. In base a questo sistema di collaborazione e interdipendenza reciproca, i due cartelli, I.G. Farben e Vereinigte Stahlwerke, produssero il 95 per cento degli esplosivi tedeschi nel 1957-8, alla vigilia della Seconda Guerra Mondiale. *Questa produzione proveniva da impianti costruiti grazie a prestiti americani e, in parte, alla tecnologia americana.*

La cooperazione I.G. Farben-Standard Oil per la produzione di olio sintetico dal carbone diede al cartello I.G. Farben il monopolio della produzione tedesca di benzina durante la Seconda Guerra Mondiale. Nel 1945, poco meno della metà della benzina tedesca ad alto numero di ottani era prodotta direttamente da I. G. Farben e la maggior parte del resto dalle sue società affiliate.

In breve, per quanto riguarda la benzina sintetica e gli esplosivi (due degli elementi di base della guerra moderna), il controllo della produzione tedesca della Seconda Guerra Mondiale era nelle mani di due cooperative tedesche create grazie ai prestiti di Wall Street nell'ambito del Piano Dawes.

Inoltre, l'assistenza americana agli sforzi bellici nazisti si estese anche ad altri settori.[30] I due maggiori produttori di carri armati nella Germania di Hitler erano la Opel, una filiale interamente controllata dalla General Motors (controllata dalla società J.P. Morgan), e la Ford A.G., filiale della Ford Motor Company di Detroit. I nazisti concessero lo status di esenzione fiscale alla Opel nel 1936, per consentire alla General Motors di espandere i propri impianti di produzione. La General Motors reinvestì obbligatoriamente i profitti ottenuti nell'industria tedesca. Henry Ford fu decorato dai nazisti per i *suoi* servizi al nazismo. (Alcoa e Dow Chemical lavorarono a stretto contatto con l'industria nazista con numerosi trasferimenti di tecnologia nazionale statunitense. La Bendix Aviation, in cui la General Motors, controllata da J.P. Morgan, aveva una partecipazione azionaria di rilievo, forniva alla Siemens & Halske A.G. in Germania dati su piloti automatici e strumenti per aerei. Nel 1940, durante la "guerra non ufficiale", Bendix Aviation fornì dati tecnici completi a Robert Bosch per gli avviatori di aerei e motori diesel, ricevendo in cambio il pagamento di royalties.

In breve, le aziende americane associate ai banchieri d'investimento internazionali Morgan-Rockefeller - e non, si noti su, la grande maggioranza degli industriali americani indipendenti - erano intimamente legate alla crescita dell'industria nazista. È importante notare, mentre sviluppiamo la nostra storia, che la General Motors, la Ford, la General Electric, la DuPont e la manciata di aziende statunitensi intimamente coinvolte nello sviluppo della Germania nazista erano - ad eccezione della Ford Motor Company - controllate

---

[30] Per numerosi esempi si veda Gabriel Kolko, op. cit.

dall'élite di Wall Street: la J.P. Morgan, la Rockefeller Chase Bank
e, in misura minore, la Warburg Manhattan Bank.[31] Questo libro non
è un'accusa a *tutta l*'industria e la finanza americana. È un atto
d'accusa nei confronti dell'"apice", ovvero di quelle aziende
controllate attraverso una manciata di società finanziarie, il sistema
della Federal Reserve Bank, la Banca dei Regolamenti
Internazionali e i loro continui accordi di cooperazione
internazionale e cartelli che tentano di controllare il corso della
politica e dell'economia mondiale.

---

[31] Nel 1956 le banche Chase e Manhattan si sono fuse per diventare Chase
Manhattan.

Capitolo 2

L'impero di I.G. Farben

La Farben era Hitler e Hitler era la Farben.

(Il senatore Homer T. Bone alla Commissione del
Senato per gli Affari militari, 4 giugno 1943).

Alla vigilia della Seconda Guerra Mondiale, il complesso chimico tedesco della I.G. Farben era la più grande impresa chimica del mondo, con uno straordinario potere e influenza politica ed economica all'interno dello Stato nazista hitleriano. L'I.G. è stata giustamente descritta come "uno Stato nello Stato".

Il cartello Farben risale al 1925, quando il genio organizzativo Hermann Schmitz (con l'assistenza finanziaria di Wall Street) creò il super-gigante chimico da sei aziende chimiche tedesche già giganti: Badische Anilin, Bayer, Agfa, Hoechst, Weiler-ter-Meer e Griesheim-Elektron. Queste aziende furono fuse per diventare Internationale Gesellschaft Farbenindustrie A.G. - o I.G. Farben in breve. Vent'anni dopo, lo stesso Hermann Schmitz fu processato a Norimberga per crimini di guerra commessi dal cartello I.G.. Altri dirigenti dell'I.G. Farben furono processati, ma le affiliate americane dell'I.G. Farben e i dirigenti americani dell'I.G. stessa furono tranquillamente dimenticati; la verità fu sepolta negli archivi.

Sono questi legami statunitensi a Wall Street che ci preoccupano. Senza i capitali forniti da Wall Street, non ci sarebbe stata la I.G. Farben e quasi certamente non ci sarebbero stati Adolf Hitler e la Seconda Guerra Mondiale.

Tra i banchieri tedeschi presenti nel Farben *Aufsichsrat* (il consiglio di vigilanza dei direttori)[32] alla fine degli anni Venti c'era il banchiere amburghese Max War-burg, il cui fratello Paul Warburg fu uno dei fondatori del Federal Reserve System negli Stati Uniti. Non a caso, Paul Warburg era anche nel consiglio di amministrazione dell'American I.G., la filiale statunitense interamente controllata dalla Farben. Oltre a Max Warburg e Hermann Schmitz, la mano guida nella creazione dell'impero Farben, il *Vorstand* della Farben comprendeva Carl Bosch, Fritz ter Meer, Kurt Oppenheim e George von Schnitzler.[33] Tutti, tranne Max Warburg, furono accusati come "criminali di guerra" dopo la Seconda Guerra Mondiale.

Nel 1928 le partecipazioni americane di I. G. Farben *(cioè* Bayer Company, General Aniline Works, Agfa Ansco e Winthrop Chemical Company) furono organizzate in una holding svizzera, I.G. Chemic (Inter-nationale Gesellschaft fur Chemisehe Unternehmungen A. G.), controllata da I. G. Farben in Germania. L'anno successivo queste aziende americane si fusero per diventare American I.G. Chemical Corporation, poi rinominata General Aniline & Film. Hermann Schmitz, organizzatore della I.G. Farben nel 1925, divenne un importante nazista e sostenitore di Hitler, nonché presidente della Swiss I.G. Chemic e presidente della American I.G. Il complesso Farben, sia in Germania che negli Stati Uniti, divenne parte integrante della formazione e del funzionamento della macchina statale nazista, della Wehrmacht e delle SS.

I. G. Farben è di particolare interesse nella formazione dello Stato nazista perché i dirigenti della Farben aiutarono materialmente. Hitler e i nazisti al potere nel 1933. Abbiamo prove fotografiche (vedi pag. 60) che l'I.G. Farben contribuì con 400.000 RM al "fondo di finanziamento" politico di Hitler. Fu questo fondo segreto a finanziare la presa di controllo nazista nel marzo 1933. Molti anni

---

[32] Le imprese tedesche hanno un consiglio di amministrazione a due livelli. L'*Aufsichsrat* si occupa della supervisione generale, compresa la politica finanziaria, mentre il *Vorstand* si occupa della gestione quotidiana.

[33] Tratto da *Der Farben-Konzern* 1928, (Hoppenstedt, Berlino: 1928), pp. 4-5.

prima Farben aveva ottenuto fondi da Wall Street per la cartellizzazione e l'espansione in Germania nel 1925 e 30 milioni di dollari per l'I.G. americana nel 1929, e aveva direttori di Wall Street nel consiglio di amministrazione di Farben. Va notato che questi fondi erano stati raccolti e i direttori nominati anni prima che Hitler fosse promosso dittatore tedesco.

Il potere economico di I. G. Farben

Alcuni osservatori qualificati hanno sostenuto che la Germania non avrebbe potuto entrare in guerra nel 1939 senza la I.G. Farben. Tra il 1927 e l'inizio della Seconda Guerra Mondiale, la I.G. Farben raddoppiò le sue dimensioni, un'espansione resa possibile in gran parte dall'assistenza tecnica americana e dalle emissioni obbligazionarie americane, come quella di 30 milioni di dollari offerta dalla National City Bank. Nel 1939 l'I.G. aveva acquisito una partecipazione e un'influenza manageriale in circa 380 altre imprese tedesche e in oltre 500 imprese straniere. L'impero Farben possedeva miniere di carbone, centrali elettriche, unità siderurgiche, banche, unità di ricerca e numerose imprese commerciali. Esistevano oltre 2.000 accordi di cartello tra l'I.G. e imprese straniere, tra cui la Standard Oil del New Jersey, la DuPont, l'Alcoa, la Dow Chemical e altre negli Stati Uniti. La storia completa dell'I.G. Farben e delle sue attività a livello mondiale prima della Seconda Guerra Mondiale non potrà mai essere conosciuta, poiché i documenti chiave tedeschi furono distrutti nel 1945 in previsione della vittoria alleata. Tuttavia, un'indagine del dopoguerra condotta dal Dipartimento della Guerra degli Stati Uniti ha concluso che:

> *Senza le immense strutture produttive della I.G., la sua intensa ricerca e le sue vaste affiliazioni internazionali, la prosecuzione della guerra da parte della Germania sarebbe stata impensabile e impossibile; la Farben non solo ha diretto le sue energie per armare la Germania, ma si è concentrata sull'indebolimento delle sue vittime designate, e questo tentativo a doppio taglio di espandere il potenziale industriale tedesco per la guerra e di limitare quello del resto del mondo non è stato concepito ed eseguito "nel normale corso degli affari". La prova è schiacciante che i funzionari della I.G. Farben erano*

> *pienamente a conoscenza del piano di conquista del mondo da parte della Germania e di ogni specifico atto aggressivo intrapreso in seguito.*[34]

Tra i direttori delle imprese Farben *(cioè* i "funzionari I.G. Farben" a cui si fa riferimento nell'indagine) non c'erano solo tedeschi ma anche importanti finanzieri americani. Il rapporto del 1945 del Dipartimento della Guerra degli Stati Uniti concludeva che l'incarico affidato alla I.G. da Hitler nel periodo prebellico era di rendere la Germania autosufficiente in gomma, benzina, oli lubrificanti, magnesio, fibre, agenti concianti, grassi ed esplosivi. Per adempiere a questo compito cruciale, l'I.G. spese ingenti somme per i processi di estrazione di questi materiali bellici dalle materie prime indigene tedesche, in particolare le abbondanti risorse di carbone tedesche. Quando questi processi non potevano essere sviluppati in Germania, venivano acquistati all'estero in base ad accordi di cartello. Ad esempio, il processo per l'iso-ottano, essenziale per i carburanti per l'aviazione, fu ottenuto dagli Stati Uniti,

> *... in realtà interamente [dagli] americani ed è diventato noto a noi in dettaglio nelle sue fasi separate attraverso i nostri accordi con loro [Standard Oil of New Jersey] e viene utilizzato molto estesamente da noi.*[35]

Il processo di produzione del piombo tetra-etilico, essenziale per la benzina per l'aviazione, fu ottenuto dalla I.G. Farben dagli Stati Uniti e nel 1939 la Standard Oil del New Jersey vendette alla I.G. 20 milioni di dollari di benzina per aviazione di alta qualità. Prima ancora di produrre piombo tetraetile con il processo americano, la Germania riuscì a "prendere in prestito" 500 tonnellate dalla Ethyl Corporation. Questo prestito di piombo tetraetile vitale non fu rimborsato e I.G. incamerò la garanzia di 1 milione di dollari. Inoltre, la I.G. acquistò grandi scorte di magnesio dalla Dow

---

[34] *Eliminazione delle risorse tedesche*, pag. 943.

[35] Ibidem, p. 945.

Chemical per le bombe incendiarie e accumulò esplosivi, stabilizzatori, fosforo e cianuri dal mondo esterno.

Nel 1939, dei 43 principali prodotti fabbricati da I.G., 28 erano di "interesse primario" per le forze armate tedesche. Il controllo definitivo dell'economia bellica tedesca da parte della Farben, acquisito negli anni Venti e Trenta con l'assistenza di Wall Street, può essere valutato al meglio esaminando la percentuale di produzione di materiale bellico tedesco prodotta dagli stabilimenti Farben nel 1945. A quel tempo la Farben produceva il 100 percento della gomma sintetica tedesca, il 95 percento del gas velenoso tedesco (compreso tutto il gas Zyklon B usato nei campi di concentramento), il 90 percento della plastica tedesca, l'88 percento del magnesio tedesco, l'84 percento degli esplosivi tedeschi, il 70 percento della polvere da sparo tedesca, il 46 percento della benzina tedesca ad alto numero di ottani (per l'aviazione) e il 33 percento della benzina sintetica tedesca.[36] (Vedi grafico 2-1 e tabella 2-1).

Tabella 2-1: Dipendenza dell'esercito tedesco (Wehrmacht) dalla produzione della I.G. Farben (1943):

Prodotto	Produzione totale tedesca	Percentuale prodotta da I.G. Farben
Gomma sintetica	118.600 tonnellate	100
Metanolo	251.000 tonnellate	100
Olio lubrificante	60.000 tonnellate	100
Coloranti	31.670 tonnellate	98
Gas velenoso	-	95
Nichel	2.000 tonnellate	95
Plastica	57.000 tonnellate	90
Magnesio	27.400 tonnellate	88
Esplosivi	221.000 tonnellate	84

---

[36] *New York Times*, 21 ottobre 1945, Sezione 1, pp. 1, 12.

Polvere da sparo	210.000 tonnellate	70
Alto numero di ottani (aviazione) Benzina	650.000 tonnellate	46
Acido solforico	707.000 tonnellate	35

Il dottor von Schnitzler, dell'*Aufsichsrat* della I.G. Farben, *ha* fatto la seguente dichiarazione nel 1943:

> *Non è esagerato affermare che senza i servizi della chimica tedesca svolti nell'ambito del Piano quadriennale la prosecuzione della guerra moderna sarebbe stata impensabile.*[37]

Chart 2-1: German Army (Wehrmacht) Dependence on I.G. Farben Production (1943):

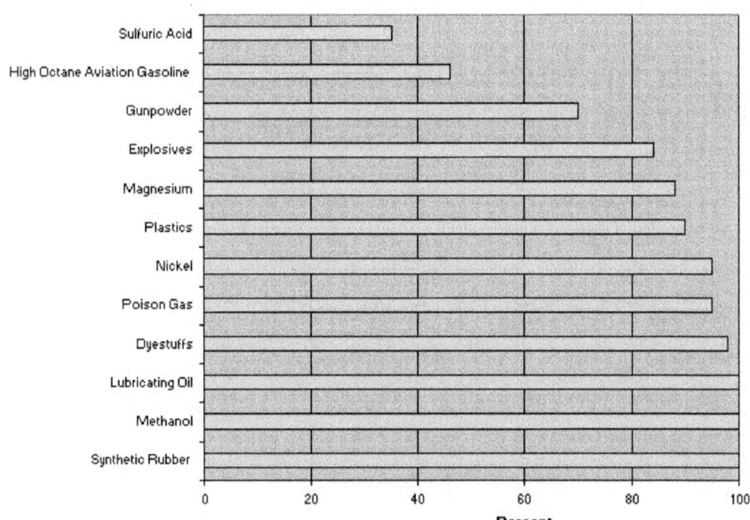

Purtroppo, quando si indagano le origini tecniche del più importante di questi materiali militari - a parte il sostegno finanziario a Hitler -

---

[37] Ibidem, p. 947.

si scoprono legami con l'industria e gli uomini d'affari americani. Esistevano numerosi accordi tra la Farben e le imprese americane, tra cui accordi di cartello per la commercializzazione, accordi sui brevetti e scambi tecnici, come ad esempio i trasferimenti di tecnologia Standard Oil-Ethyl menzionati in precedenza. Questi accordi furono utilizzati dall'IG per promuovere la politica nazista all'estero, per raccogliere informazioni strategiche e per consolidare un cartello chimico mondiale.

Uno degli aspetti più terribili del cartello di I.G. Farben fu l'invenzione, la produzione e la distribuzione su del gas Zyklon B, utilizzato nei campi di concentramento nazisti. Lo Zyklon B era acido prussico puro, un veleno letale prodotto da I.G. Farben Leverkusen e venduto dall'ufficio vendite di Bayer attraverso Degesch, un titolare di licenza indipendente. Le vendite di Zyklon B rappresentavano quasi i tre quarti dell'attività della Degesch; l'I.G. Farben produceva e vendeva una quantità di gas sufficiente a uccidere 200 milioni di persone. Il rapporto del Comitato Kilgore del 1942 chiarisce che i dirigenti della I.G. Farben avevano una conoscenza precisa dei campi di concentramento nazisti e dell'uso dei prodotti chimici della I.G.. Questa conoscenza pregressa diventa significativa quando in seguito consideriamo il ruolo dei direttori americani nella filiale americana della I.G.. Nell'interrogatorio del 1945 del direttore della I.G. Farben, Yon Schnitzler, si legge:

Q. Che cosa ha fatto quando le hanno detto che *le* sostanze chimiche I.G. venivano usate per uccidere, per assassinare le persone detenute nei campi di concentramento?

A. Ero inorridito.

Q. Ha fatto qualcosa al riguardo?

A. L'ho tenuto per me [per me] perché era troppo terribile.... Ho chiesto a Muller-Cunradi se lei, Ambros e altri direttori di Auschwitz sapevate che i gas e le sostanze chimiche venivano usati per uccidere le persone.

Q. Che cosa ha detto?

A. Sì: è noto a tutti i direttori degli I.G. di Auschwitz.[38]

Non ci fu alcun tentativo da parte della I.G. Farben di fermare la produzione dei gas - un modo piuttosto inefficace per von Schnitzler di esprimere preoccupazione per la vita umana, "perché era troppo terribile".

L'ufficio berlinese N.W. 7 della I.G. Farben era il centro chiave dello spionaggio nazista all'estero. L'unità operava sotto la guida del direttore della Farben Max Ilgner, nipote del presidente della I.G. Farben Hermann Schmitz. Max Ilgner e Hermann Schmitz facevano parte del consiglio di amministrazione dell'American I.G., insieme ai colleghi Henry Ford della Ford Motor Company, Paul Warburg della Bank of Manhattan e Charles E. Mitchell della Federal Reserve Bank di New York.

Allo scoppio della guerra, nel 1939, i dipendenti del VOWI furono assegnati alla Wehrmacht, ma di fatto continuarono a svolgere lo stesso lavoro di quando erano nominalmente sotto la I.G. Farben. Uno dei più importanti lavoratori dell'intelligence Farben nel N.W. 7 fu il principe Bernhard dei Paesi Bassi, che si unì alla Farben all'inizio degli anni '30 dopo aver completato un periodo di servizio di 18 mesi nelle S.S. in uniforme nera.[39]

Il braccio statunitense della rete di intelligence VOWI era Chemnyco, Inc. Secondo il Dipartimento della Guerra,

> *Utilizzando i normali contatti commerciali, Chemnyco fu in grado di trasmettere alla Germania enormi quantità di materiale, da fotografie e progetti a descrizioni*

---

[38] *Eliminazione delle risorse tedesche.*

[39] Bernhard è oggi meglio conosciuto per il suo ruolo di presidente dei cosiddetti incontri segreti Bilderberger. Cfr. Congresso degli Stati Uniti, Camera dei Rappresentanti, Commissione speciale sulle attività antiamericane, *Indagine sulle attività di propaganda nazista e indagine su alcune altre attività di propaganda.* 73° Congresso, 2a sessione, audizioni n. 73-DC-4. (Washington: Government Printing Office, 1934), Volume VIII, pag. 7525.

dettagliate di interi impianti industriali.[40]

Il vicepresidente di Chemnyco a New York era Rudolph Ilgner, cittadino americano e fratello del direttore della I.G. Farben americana Max Ilgner. In breve, Farben gestiva il VOWI, l'operazione di intelligence estera nazista, prima della Seconda Guerra Mondiale e l'operazione VOWI era associata a membri di spicco dell'establishment di Wall Street attraverso American I.G. e Chemnyco.

Il Dipartimento della Guerra degli Stati Uniti accusò inoltre l'I.G. Farben e i suoi associati americani di di aver guidato i programmi di guerra psicologica ed economica nazisti attraverso la diffusione della propaganda tramite gli agenti Farben all'estero e di aver fornito valuta estera per questa propaganda nazista. Gli accordi di cartello della Farben promuovevano la guerra economica nazista - l'esempio più eclatante è la restrizione volontaria della Standard Oil of New Jersey sullo sviluppo della gomma sintetica negli Stati Uniti per volere della I.G. Farben. Come si legge nel rapporto del Dipartimento della Guerra:

> *In breve, la Standard Oil, determinata a mantenere il monopolio assoluto dello sviluppo della gomma sintetica negli Stati Uniti, ha realizzato appieno lo scopo della I.G. di impedire la produzione statunitense dissuadendo le aziende americane della gomma dall'intraprendere ricerche indipendenti per lo sviluppo di processi di gomma sintetica.*[41]

Nel 1945 il Dr. Oskar Loehr, vice capo della I.G. "Tea Buro", confermò che la I.G. Farben e la Standard Oil del New Jersey avevano un "piano preconcetto" per sopprimere lo sviluppo dell'industria della gomma sintetica negli Stati Uniti, a vantaggio della Wehrmacht tedesca e a svantaggio degli Stati Uniti nella

---

[40] Ibidem, p. 949.

[41] Ibidem, p. 952.

Seconda Guerra Mondiale.

La testimonianza del dottor Loehr recita (in parte) come segue:

Q. È vero che mentre si ritardava la divulgazione dei processi della buna [gomma sintetica] alle aziende americane della gomma, Chemnyco e Jasco tenevano nel frattempo I.G. ben informata sullo sviluppo della gomma sintetica negli Stati Uniti?

A. Sì.

Q. Quindi, in ogni momento I.G. era pienamente consapevole dello stato di sviluppo del sito dell'industria americana della gomma sintetica?

A. Sì.

Q. Era presente alla riunione dell'Aia quando il signor Howard [della Standard Oil] vi si recò nel 1939?

A. No.

Q. Chi era presente?

A. Il signor Ringer, che era accompagnato dal dottor Brown di Ludwigshafen. Le hanno parlato delle trattative?

A. Sì, per quanto riguarda la parte in buna.

Q. È vero che in questo incontro il signor Howard disse a I.G. che gli sviluppi negli Stati Uniti erano arrivati a un punto tale che non sarebbe stato più possibile per lui tenere nascoste le informazioni sui processi della buna alle aziende americane?

A. Il signor Ringer l'ha riferito.

Q. Fu in quell'incontro che per la prima volta il signor Howard disse a I.G. che le aziende americane della gomma avrebbero potuto essere informate dei processi e assicurò a I.G. che la Standard Oil avrebbe controllato l'industria della gomma sintetica negli Stati Uniti? È vero?

A. È vero. È quello che ho saputo dal signor Ringer.

Q. Quindi, in tutti questi accordi fin dall'inizio dello sviluppo dell'industria della gomma sintetica, la soppressione dell'industria della gomma sintetica negli Stati Uniti faceva parte di un piano preconcetto tra I.G. da un lato e il signor Howard della Standard Oil dall'altro?

A. È una conclusione che si deve trarre dai fatti precedenti.[42]

La I.G. Farben è stata la maggiore fonte di valuta estera della Germania prebellica, che ha permesso alla Germania di acquistare materie prime strategiche, attrezzature militari e processi tecnici e di finanziare i programmi di spionaggio, propaganda e varie attività militari e politiche all'estero che hanno preceduto la Seconda Guerra Mondiale. Agendo per conto dello Stato nazista, la Farben allargò il proprio orizzonte a livello mondiale, mantenendo stretti rapporti con il regime nazista e la Wehrmaeht. Fu istituito un ufficio di collegamento, la *Vermittlungsstelle W*, per mantenere le comunicazioni tra la I.G. Farben e il Ministero della Guerra tedesco:

> *L'obiettivo di questo lavoro è la costruzione di un'organizzazione stretta per l'armamento nell'I.G. che possa essere inserita senza difficoltà nell'organizzazione esistente dell'I.G. e dei singoli stabilimenti. In caso di guerra, l'I.G. sarà trattata dalle autorità interessate alle questioni dell'armamento come un unico grande stabilimento che, nel suo compito per l'armamento, per quanto sia possibile farlo dal punto di vista tecnico, si regolerà da solo senza alcuna influenza organizzativa dall'esterno (il lavoro in questa direzione è stato in linea*

---

[42] Ibidem, p. 1293.

di principio concordato con il Ministero della Guerra Wehrwirtschaftsant) e da questo ufficio con il Ministero dell'Economia. Al campo di lavoro della Vermittlungsstelle W appartiene, oltre all'impostazione organizzativa e alla pianificazione a lungo termine, la continua collaborazione per quanto riguarda l'armamento e le questioni tecniche con le autorità del Reich e con gli impianti dell'I.G.[43]

Purtroppo gli archivi degli uffici della *Vermittlungsstelle* furono distrutti prima della fine della guerra, anche se da altre fonti si sa che dal 1934 in poi si sviluppò una complessa rete di transazioni tra I.G. e la Wehrmacht. Nel 1934 I.G. Farben iniziò a mobilitarsi per la guerra e ogni stabilimento I.G. preparò i propri piani di produzione bellica e li sottopose ai Ministeri della Guerra e dell'Economia. Nel 1935-6 negli stabilimenti I.G. Farben si tenevano giochi di guerra e si provavano le procedure tecniche di guerra.[44] Questi giochi di guerra sono stati descritti dal Dr. Struss, capo del Segretariato del Comitato Tecnico dell'I.G.:

È vero che fin dal 1934 o 1935, subito dopo l'istituzione della Vermittlungsstelle W nei vari stabilimenti, erano stati organizzati giochi teorici di impianti bellici per esaminare come si sarebbe concretizzato l'effetto dei bombardamenti su determinate fabbriche. In particolare si prese in considerazione cosa sarebbe successo se bombe da 100 o 500 chilogrammi fossero cadute su una certa fabbrica e quale sarebbe stato il risultato. È anche giusto che sia stato usato il termine Kriegsspiele.

I Kriegsspiele furono preparati dal signor Ritter e dal dottor Eckell, in seguito in parte dal dottor yon Brunning per ordine personale su iniziativa del dottor Krauch o per ordine dell'Aeronautica, non mi è dato sapere. Gli incarichi furono affidati in parte dalla Vermittlung-

---

[43] Ibidem, p. 954.

[44] Ibidem, p. 954.

sstelle W e in parte da ufficiali dell'Aeronautica. A questi Kriegsspiele parteciparono numerosi ufficiali di tutti i gruppi della Wehrmacht (Marina, Aeronautica ed Esercito).

I luoghi colpiti dalle bombe furono segnati in una mappa dell'impianto, in modo da poter accertare quali parti dell'impianto erano state danneggiate, ad esempio un contatore del gas o un'importante linea di tubature. Appena terminato il raid, la direzione dell'impianto ha accertato i danni e ha comunicato quali parti dell'impianto dovevano smettere di funzionare; ha inoltre comunicato il tempo necessario per riparare i danni. In una riunione successiva vennero descritte le conseguenze del Kriegsspiele e si appurò che nel caso di Leuna i danni erano considerevolmente elevati; in particolare si scoprì che dovevano essere apportate modifiche alle tubature con costi considerevoli.[45]

Di conseguenza, per tutti gli anni '30 I.G. Farben non si limitò a eseguire gli ordini del regime nazista. Farben fu un iniziatore e un operatore dei piani nazisti per la conquista del mondo. Farben agì come organizzazione di ricerca e di intelligence per l'esercito tedesco e avviò volontariamente i progetti della Wehrmacht. In realtà, l'esercito si rivolgeva solo raramente alla Farben; si stima che circa il 40-50% dei progetti Farben per l'esercito fossero avviati dalla Farben stessa. In breve, secondo le parole del dottor von Schnitzler:

Quindi, agendo come ha fatto, l'IG si è assunta una grande responsabilità e ha costituito un aiuto sostanziale nel settore chimico e un aiuto decisivo alla politica estera di Hitler, che ha portato alla guerra e alla rovina della Germania. Pertanto, devo concludere che l'I.G. è ampiamente responsabile della politica di Hitler.

---

[45] Ibidem, pp. 954-5.

Lucidare l'immagine pubblica di I. G. Farben

Questo misero quadro della preparazione militare prebellica era noto all'estero e doveva essere venduto - o mascherato - al pubblico americano per facilitare la raccolta di fondi a Wall Street e l'assistenza tecnica per conto della I.G. Farben negli Stati Uniti. Un'importante società di pubbliche relazioni di New York fu scelta per il compito di vendere la combinazione I.G. Farben in America. L'azienda di pubbliche relazioni più importante tra la fine degli anni '20 e gli anni '30 era la Ivy Lee & T.J. Ross di New York. Ivy Lee aveva già intrapreso una campagna di pubbliche relazioni per i Rockefeller, per migliorare il nome dei Rockefeller presso il pubblico americano. Lo studio aveva anche prodotto un libro sincopato intitolato *USSR*, intraprendendo lo stesso compito di pulizia per l'Unione Sovietica - anche mentre i campi di lavoro sovietici erano in piena attività alla fine degli anni '20 e all'inizio degli anni'30.

A partire dal 1929 Ivy Lee divenne consulente per le pubbliche relazioni di I. G. Farben negli Stati Uniti. Nel 1934 Ivy Lee presentò una testimonianza alla Commissione per le attività antiamericane della Camera su questo lavoro per Farben.[46] Lee testimoniò che l'I.G. Farben era affiliata all'American Farben e che "l'American I.G. è una holding con direttori come Edsel Ford, Walter Teagle, uno dei funzionari della City Bank....". "Lee spiegò che veniva pagato 25.000 dollari all'anno in base a un contratto stipulato con Max Ilgner della I.G. Farben. Il suo compito era quello di contrastare le critiche mosse alla I.G. Farben negli Stati Uniti. La consulenza fornita da Ivy Lee alla Farben su questo problema era abbastanza accettabile:

> *In primo luogo, ho detto loro che non avrebbero mai potuto far riconciliare il popolo americano con il trattamento riservato agli ebrei, che era semplicemente*

---

[46] Congresso degli Stati Uniti. House of Representatives, Special Committee on Un-American Activities, *Investigation of Nazi Propaganda Activities* and *Investigation of Certain Other Propaganda Activities*, op. cit.

estraneo alla mentalità americana e non avrebbe mai potuto essere giustificato dall'opinione pubblica americana, e che era inutile provarci.

In secondo luogo, tutto ciò che sapeva di propaganda nazista in questo Paese era un errore e non doveva essere preso in considerazione. Il nostro popolo lo considera un'ingerenza negli affari americani e un cattivo affare.[47]

Il pagamento iniziale di 4.500 dollari a Ivy Lee in base a questo contratto fu effettuato da Hermann Schmitz, presidente della I.G. Farben in Germania. Il denaro fu depositato presso la New York Trust Company a nome della I.G. Chemic (o la "I.G. svizzera", come la definì Ivy Lee).

Tuttavia, il secondo e più importante pagamento di 14.450 dollari fu effettuato da William von Rath dell'American I.G. e depositato da Ivy Lee presso la New York Trust Company, a credito del suo conto personale. (Questo punto sull'origine dei fondi è "importante quando consideriamo l'identità dei direttori dell'American I.G., perché il pagamento da parte dell'American I.G. significava che la maggior parte dei fondi della propaganda nazista non erano di origine tedesca. *Si trattava di fondi americani guadagnati negli Stati Uniti e sotto il controllo di direttori americani, sebbene utilizzati per la propaganda nazista negli Stati Uniti.*

In altre parole, la maggior parte dei fondi per la propaganda nazista gestiti da Ivy Lee *non* furono importati dalla Germania. L'uso che veniva fatto di questi fondi americani è stato messo in luce durante l'interrogatorio della Commissione per le attività antiamericane della Camera:

Signor DICKSTEIN. Se ho capito bene, lei ha testimoniato di non aver ricevuto alcuna propaganda e di non aver avuto nulla a che fare

---

[47] Ibidem, p. 178.

con la distribuzione di propaganda in questo Paese?

Signor LEE. Non ho testimoniato di aver ricevuto alcunché dal signor Dickstein.

Signor DICKSTEIN. Allora elimino questa parte della domanda.

Signor LEE. Ho testimoniato di non averne diffuso alcuno.

Signor DICKSTEIN. Ha mai ricevuto o la sua azienda ha mai ricevuto materiale di propaganda dalla Germania?

Signor LEE. Sì, signore.

Signor DICKSTEIN. E quando è successo?

Signor LEE. Oh, abbiamo ricevuto - è una questione di ciò che lei chiama propaganda. Abbiamo ricevuto un'immensa quantità di letteratura.

Signor DICKSTEIN. Non sa cosa fosse quella letteratura e cosa contenesse?

Signor LEE. Abbiamo ricevuto libri e opuscoli, ritagli di giornale e documenti, senza fine.

Signor DICKSTEIN. Immagino che qualcuno del suo ufficio li abbia visitati su per vedere cosa fossero?

Signor LEE. Sì, signore.

Signor DICKSTEIN. E dopo aver scoperto quali fossero, presumo che ne abbia conservato delle copie?

Signor LEE. In alcuni casi sì, in altri no. Molti di essi, naturalmente, erano in tedesco, e ho avuto quello che mi ha mandato mio figlio. Ha detto che erano interessanti e significativi, e quelli che ho fatto tradurre o di cui ho fatto fare degli estratti.[48]

Infine, Ivy Lee assunse Burnham Carter per studiare i rapporti dei nuovi giornali americani sulla Germania e preparare risposte adeguate a favore del nazismo. Va notato che questa letteratura tedesca non era letteratura Farben, ma letteratura ufficiale di Hitler:

Signor DICKSTEIN. In altre parole, lei riceve questo materiale che riguarda le condizioni della Germania di oggi: Voi lo esaminate e lo consigliate. Non ha nulla a che fare con il governo tedesco, anche se il materiale, la letteratura, è letteratura ufficiale del regime hitleriano. È corretto, no?

Signor LEE. Beh, buona parte della letteratura non era ufficiale.

Signor DICKSTEIN. Non si trattava di letteratura IG, vero?

Signor LEE. No; me l'ha mandata IG.

Signor DICKSTEIN. Può mostrarci uno straccio di carta che sia arrivato qui e che abbia a che fare con l'I.G.?

Signor LEE. Oh, sì. Pubblicano una buona quantità di letteratura. Ma non voglio eludere la domanda. Non c'è dubbio che sotto la loro autorità ho ricevuto un'immensa quantità di materiale che proveniva da fonti ufficiali e non ufficiali.

Signor DICKSTEIN. Esattamente. In altre parole, il materiale inviato qui dall'I.G. era materiale diffuso - noi lo chiameremmo propaganda - con l'autorità del governo tedesco. Ma la distinzione che lei fa nella sua dichiarazione è, a mio avviso, che il governo tedesco non ve lo ha inviato direttamente, ma che vi è stato inviato dall'IG.

---

[48] Ibidem, p. 183.

Signor LEE. Giusto.

Signor DICKSTEIN. E non aveva nulla a che fare con i loro rapporti commerciali.

Signor LEE. È corretto.

L'americana I.G. Farben

Chi erano i finanzieri di spicco dell'establishment di Wall Street che dirigevano le attività dell'American I.G., l'affiliata della I.G. Farben negli Stati Uniti che promuoveva la propaganda nazista?

Tra i direttori americani della I.G. Farben c'erano alcuni dei membri più importanti di Wall Street. Gli interessi tedeschi rientrarono negli Stati Uniti dopo la Prima Guerra Mondiale e superarono con successo le barriere progettate per tenere I.G. fuori dal mercato americano. Né il sequestro dei brevetti tedeschi, né l'istituzione della Chemical Foundation, né gli alti muri tariffari costituirono un problema importante.

Nel 1925, la General Dyestuff Corporation fu fondata come agente di vendita esclusivo per i prodotti fabbricati dalla Gasselli Dyestuff (rinominata General Aniline Works, Inc., nel 1929) e importati dalla Germania. Le azioni della General Aniline Works furono trasferite nel 1929 alla American I.G. Chemical Corporation e successivamente, nel 1939, alla General Aniline & Film Corporation, nella quale American I.G. e General Aniline Works si fusero. American I.G. e il suo successore, General Aniline & Film, è l'unità attraverso la quale è stato mantenuto il controllo delle imprese di I.G. negli Stati Uniti. L'autorizzazione azionaria di American I.G. era di 3.000.000 di azioni ordinarie A e 3.000.000 di azioni ordinarie B. In cambio delle partecipazioni azionarie in General Aniline Works e Agfa-Ansco Corporation, la I.G. Farben in Germania ricevette tutte le azioni B e 400.000 azioni A. Trenta milioni di dollari di obbligazioni convertibili sono stati venduti al pubblico americano e garantiti per il capitale e gli interessi dalla tedesca I.G. Farben, che ha ricevuto un'opzione per l'acquisto di ulteriori 1.000.000 di azioni A.

Tabella 2-2: I direttori di American I.G. al 1930: American I.G.

Direttore americano I.G.	Cittadinanza	Altre associazioni importanti
Carl BOSCH	Tedesco	FORD MOTOR CO. A-G
Edsel B. FORD	STATI UNITI	FORD MOTOR CO. DETROIT
Max ILGNER	Tedesco	Ha diretto l'ufficio I.G. FARBEN N.W.7 (INTELLIGENCE). Colpevole al processo di Norimberga per crimini di guerra.
F. Ter MEER	Tedesco	Colpevole al processo di Norimberga per crimini di guerra
H.A. METZ	STATI UNITI	Direttore di I.G. Farben Germania e BANK OF MANHATTAN (USA)
C.E. MITCHELL	STATI UNITI	Direttore della FEDERAL RESERVE BANK OF N.Y. e della NATIONAL CITY BANK
Herman SCHMITZ	Tedesco	Membro dei consigli di amministrazione di I.G. Farben (Presidente) (Germania), Deutsche Bank (Germania) e BANK FOR INTERNATIONAL SETTLEMENTS. Colpevole al processo di Norimberga per crimini di guerra.
Walter TEAGLE	STATI UNITI	Direttore FEDERAL RESERVE BANK OF NEW YORK e STANDARD OIL OF NEW JERSEY
W.H. yon RATH	Naturalizzato	Direttore di GERMAN GENERAL U.S. ELECTRIC (A.E.G.)
Paul M. WARBURG	STATI UNITI	Primo membro della FEDERAL RESERVE BANK OF NEW YORK e della BANK OF MANHATTAN
W.E. WEISS	STATI UNITI	Prodotti Sterling

Fonte: Moody's Manual of Investments; 1930, pag. 2149.

Nota: Walter DUISBERG (Stati Uniti), W. GRIEF (Stati Uniti) e

Adolf KUTTROFF (Stati Uniti) erano anche direttori della I.G. Farben americana in questo periodo.

La gestione dell'American I.G. (poi General Aniline) era dominata da funzionari o ex funzionari dell'I.G. (vedi Tabella 9..9.). (Hermann Schmitz fu presidente dal 1929 al 1936 e gli succedette il fratello Dietrich A. Schmitz, naturalizzato americano, fino al 1941. Hermann Schmitz, che era anche direttore della Banca dei Regolamenti Internazionali, il "vertice" del sistema di controllo finanziario internazionale. Rimase presidente del consiglio di amministrazione dal 1936 al 1939.

Il consiglio di amministrazione originario comprendeva nove membri che erano o erano stati membri del consiglio di amministrazione della I.G. Farben in Germania (Hermann Schmitz, Carl Bosch, Max Ilgner, Fritz ter Meer e Wilfred Grief), o che erano stati precedentemente impiegati dalla I.G. Farben in Germania (Walter Duisberg, Adolph Kuttroff, W.H. yon Rath, Herman A. Metz). Herman A. Metz era un cittadino americano, un convinto democratico in politica ed ex controllore della città di New York. Un decimo, W.E. Weiss, era stato sotto contratto con la I.G.

I direttori di American I.G. non solo erano importanti a Wall Street e nell'industria americana, ma soprattutto provenivano da alcune istituzioni molto influenti:

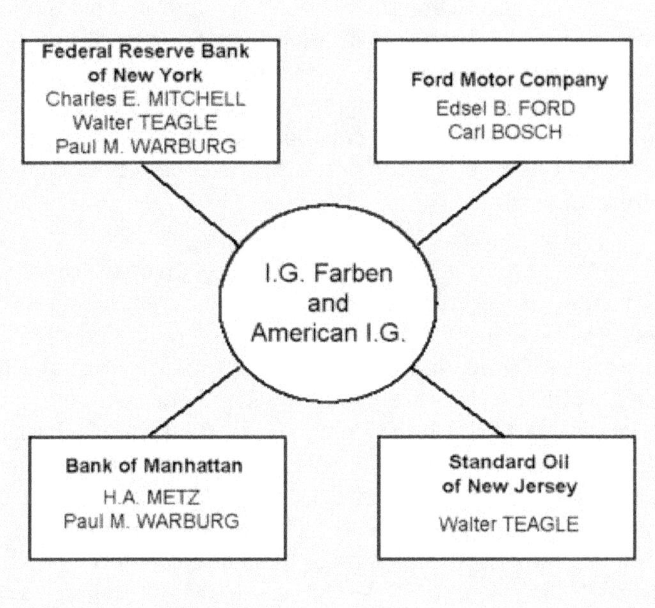

Gli altri quattro membri del consiglio di amministrazione di American I.G. erano cittadini americani di spicco e membri dell'élite finanziaria di Wall Street: C.E. Mitchell, presidente della National City Bank e della Federal Reserve Bank di New York; Edsel B. Ford, presidente della Ford Motor Company; W.C. Teagle, altro direttore della Standard Oil of New Jersey; e Paul Warburg, primo membro della Federal Reserve Bank di New York e presidente della Bank of Manhattan Company.

I direttori di American I.G. non solo erano importanti a Wall Street e nell'industria americana, ma soprattutto provenivano da alcune istituzioni molto influenti. (Si veda il grafico precedente).

Tra il 1929 e il 1939 vi furono cambiamenti nella composizione del consiglio di amministrazione dell'American I.G. Il numero di amministratori variava di volta in volta, anche se la maggioranza aveva sempre un passato o dei legami con l'I.G. e il consiglio non aveva mai meno di quattro amministratori americani. Nel 1939 - presumibilmente in vista della Seconda Guerra Mondiale - si cercò di dare al consiglio di amministrazione un'impronta più americana, ma nonostante le dimissioni di Hermann Schmitz, Carl Bosch e Walter Duisberg e la nomina di sette nuovi direttori, sette membri appartenevano ancora al gruppo I.G.. La predominanza di I.G. aumentò nel corso del 1940 e del 1941, quando i direttori americani, tra cui Edsel Ford, si resero conto dell'insalubrità politica di I.G. e si dimisero.

Da queste prove si possono trarre diverse osservazioni fondamentali. In primo luogo, il consiglio di amministrazione di American I.G. aveva tre direttori provenienti dalla Federal Reserve Bank di New York, la più influente tra le varie Federal Reserve Bank. L'American I.G. aveva inoltre legami con la Standard Oil of New Jersey, la Ford Motor Company, la Bank of Manhattan (poi diventata Chase Manhattan) e la A.E.G. (German General Electric). In secondo luogo, tre membri del consiglio di amministrazione di questa I.G. americana sono stati giudicati colpevoli al processo per crimini di guerra di Norimberga. Si trattava di membri tedeschi, non americani. Tra questi tedeschi c'era Max Ilgner, direttore dell'ufficio I.G. Farben N.W. 7 di Berlino, *cioè* l'ufficio di intelligence nazista prima della guerra. Se i direttori di una società sono collettivamente responsabili delle attività della società, allora anche i direttori americani avrebbero dovuto essere processati a Norimberga, insieme ai direttori tedeschi, se lo scopo dei processi fosse stato quello di determinare la colpa di guerra. Naturalmente, se lo scopo dei processi era quello di distogliere l'attenzione dal coinvolgimento degli Stati Uniti nell'ascesa al potere di Hitler, essi riuscirono benissimo in questo obiettivo.

Capitolo 3

General Electric Fondi Hitler

Tra le prime misure fasciste di Roosevelt c'è il National Industry Recovery Act (NRA) del 16 giugno 1933. Le origini di questo schema meritano di essere ripetute. Queste idee furono suggerite per la prima volta da Gerard Swope della General Electric Company... in seguito furono adottate dalla Camera di Commercio degli Stati Uniti...

(Herbert Hoover, The Memoirs of Herbert Hoover: The Great Depression, 1929-1941, New York: The Macmillan Company, 1952, p. 420)

Il gigante multinazionale General Electric ha un ruolo ineguagliabile nella storia del XX secolo. La General Electric Company ha elettrificato l'Unione Sovietica negli anni '20 e '30, realizzando per i sovietici il dettame di Lenin: "Socialismo = elettrificazione".[49] Il Piano Swope, creato dall'ex presidente della General Electric Gerard Swope, divenne il New Deal di Franklin D. Roosevelt, attraverso un processo deplorato dall'ex presidente Herbert Hoover e descritto in *Wall Street e FDR*.[50] Tra Swope e Young della General Electric Company e la famiglia Roosevelt esisteva un rapporto intimo e duraturo, così come tra la General Electric e l'Unione Sovietica. Nel 1936 il senatore James A. Reed del Missouri, un primo sostenitore di Roosevelt, si rese conto del tradimento delle

---

[49] Per i dettagli tecnici si veda lo studio in tre volumi Antony C. Sutton, *Western Technology and Soviet Economic Development*, (Stanford, California: Hoover Institution Press, 1968, 1971), 1973), in seguito citato come *Western Technology Series*.

[50] (New York: Arlington House Publishers, 1975)

idee liberali da parte di Roosevelt e attaccò il programma del New Deal di Roosevelt come una misura "tirannica" "che porta al dispotismo, [e] ricercata dai suoi sponsor sotto il grido comunista di 'giustizia sociale'". Il senatore Reed ha inoltre accusato in Senato che Franklin D. Roosevelt era un "sicario dei monarchici economici" di Wall Street e che la famiglia Roosevelt "è uno dei maggiori azionisti della General Electric Company".[51]

Indagando dietro le quinte della storia tedesca tra le due guerre e della storia di Hitler e del nazismo, troviamo sia Owen D. Young che Gerard Swope della General Electric legati all'ascesa dell'hitlerismo e alla soppressione della democrazia tedesca. Il fatto che i dirigenti della General Electric si trovino in ognuna di queste tre distinte categorie storiche - cioè lo sviluppo dell'Unione Sovietica, la creazione del New Deal di Roosevelt e l'ascesa dell'hitlerismo - suggerisce come gli elementi della Big Business siano fortemente interessati alla socializzazione del mondo, per i propri scopi e obiettivi, piuttosto che al mantenimento dell'imparzialità del mercato in una società libera.[52] La General Electric ha tratto profitto dal bolscevismo, dal socialismo del New Deal di Roosevelt e, come vedremo più avanti, dal nazionalsocialismo della Germania di Hitler.

General Electric a Weimar in Germania

Walter Rathenau fu, fino al suo assassinio nel 1922, amministratore delegato della Allgemeine Elekrizitats Gesellschaft (A.E.G.), o General Electric tedesca, e come Owen Young e Gerard Swope, suoi omologhi negli Stati Uniti, fu un importante sostenitore del socialismo aziendale. Walter Rathenau si espresse pubblicamente contro la concorrenza e la libera impresa, perché? Perché sia

---

[51] *New York Times*, 6 ottobre 1936. Si veda anche Antony C. Sutton, *Wall Street e FDR*, op. cit.

[52] Naturalmente, le suppliche socialiste degli uomini d'affari sono ancora presenti. Si pensi alle grida di dolore quando il Presidente Ford propose la deregolamentazione delle compagnie aeree e degli autotrasporti. Si veda ad esempio *Wall Street Journal*, 25 novembre 1975.

Rathenau che Swope volevano la protezione e la cooperazione dello Stato per i loro obiettivi aziendali e il loro profitto. (Ma non per gli obiettivi e i profitti degli altri). Rathenau espresse la sua richiesta in *The New Political Economy:*

> *La nuova economia, come abbiamo visto, non sarà un'economia statale o governativa, ma un'economia privata impegnata in un potere di risoluzione civica che certamente richiederà la cooperazione statale per un consolidamento organico che superi gli attriti interni e aumenti la produzione e la resistenza.*[53]

Se si districa la turgida prosa di Rathenau, ciò significa che il potere dello Stato doveva essere messo a disposizione delle imprese private per i loro scopi aziendali, *ovvero* ciò che è popolarmente noto come nazionalsocialismo. Rathenau si espresse pubblicamente contro la concorrenza e la libera impresa. eredità".[54] Non la *propria* ricchezza, per quanto si possa determinare, ma quella di altri che non avevano influenza politica nell'apparato statale.

Owen D. Young della General Electric fu uno dei tre delegati statunitensi alla riunione del Piano Dawes del 1923 che stabilì il programma di riparazioni tedesco. E nei Piani Dawes e Young possiamo vedere come alcune imprese private furono in grado di trarre vantaggio dal potere dello Stato. I maggiori prestiti concessi da Wall Street alla Germania negli anni Venti erano prestiti per le riparazioni; in definitiva, furono gli investitori statunitensi a pagare le riparazioni tedesche. La cartellizzazione dell'industria elettrica tedesca sotto l'egida dell'A.E.G. (così come l'industria siderurgica e chimica, di cui si è parlato nei capitoli uno e due) fu resa possibile da questi prestiti di Wall Street:

---

[53] Traduzione ciclostilata in Hoover Institution Library, p. 67. Si veda anche Walter Rathenau, *In Days to Come* (Londra: Allen & Unwin, n.d.).

[54] Ibidem, p. 249.

Data dell'offerta	Mutuatario	Gestione della banca negli Stati Uniti	Importo nominale dell'emissione
26 gennaio 1925	Allgemeine Elektrizitats-Gesellschaft (A. E, G.)	National City Co.	$10,000,000
9 dicembre 1925	Allgemeine National City Co. Elektrizitats-Gesellschaft (A. E.G.)		$10,000,000
22 maggio 1928	Allgemeine Elektrizitats-Gesellschaft (A.E.G.)	National City Co.	$10,000,000
7 giugno 1928	Allgemeine Elektrizitats-Gesellschaft (A. E.G.)	National City Co.	$5,000,000

Nel 1928, alle riunioni del Piano Young per le riparazioni, troviamo il presidente della General Electric Owen D. Young in qualità di delegato principale degli Stati Uniti, nominato dal governo americano per usare il potere e il prestigio del governo americano per decidere questioni finanziarie internazionali che favoriscono Wall Street e i profitti della General Electric. Nel 1930 Owen D. Young, da cui prese il nome il Piano Young per le riparazioni tedesche, divenne presidente del consiglio di amministrazione della General Electric Company di New York. Young fu anche presidente del comitato esecutivo della Radio Corporation of America e direttore della German General Electric (A.E.G.) e della Osram in Germania. Young ha fatto parte anche dei consigli di amministrazione di altre importanti società statunitensi, tra cui General Motors, NBC e RKO; è stato consigliere del National Industrial Conference Board, direttore della Camera di Commercio Internazionale e vicepresidente del consiglio della Federal Reserve Bank di New York.

Gerard Swope è stato presidente e direttore della General Electric Company e di aziende associate francesi e tedesche, tra cui A.E.G. e Osram in Germania. Swope era anche direttore della RCA, della NBC e della National City Bank di New York. Gli altri direttori della International General Electric in questo periodo riflettono il controllo di Morgan sull'azienda, e sia Young che Swope erano generalmente conosciuti come i rappresentanti di Morgan nel consiglio di amministrazione della G.E., che comprendeva Thomas Cochran, un altro socio dello studio J.P. Morgan. Il direttore di General Electric Clark Haynes Minor fu presidente di International General Electric negli anni Venti. Un altro direttore era Victor M. Cutter, della First National Bank di Boston e figura di spicco nelle "rivoluzioni *delle banane*" in America centrale.

Alla fine degli anni Venti Young, Swope e Minor della International General Electric entrarono nell'industria elettrica tedesca e ottennero, se non il controllo, come alcuni hanno riferito, almeno una sostanziale voce in capitolo negli affari interni di A.E.G. e Osram. Nel luglio del 1929 fu raggiunto un accordo tra la General Electric e tre aziende tedesche - A.E.G., Siemens & Halske e Koppel and Company - che insieme possedevano tutte le azioni di Osram, il produttore di lampadine elettriche. General Electric acquistò il 16% delle azioni Osram e raggiunse un accordo congiunto per il controllo internazionale della produzione e della commercializzazione delle lampadine elettriche. Clark Minor e Gerard Swope diventano direttori di Osram.[55]

Nel luglio del 1929 si manifestò grande interesse per le voci che circolavano negli ambienti finanziari tedeschi, secondo le quali anche la General Electric stava acquistando la A.E.G. e che erano in corso trattative a tal fine tra la A.E.G. e la G.E.[56] In agosto fu confermato che 14 milioni di marchi di azioni ordinarie della A.E.G. sarebbero stati emessi a favore della General Electric. Queste azioni, sommate a quelle acquistate sul mercato aperto, davano a General Electric una partecipazione del 25% in A.E.G. Fu firmato un accordo di lavoro più stretto tra le due società, che forniva all'azienda tedesca tecnologia e brevetti statunitensi. I giornali sottolineavano che A.E.G. non avrebbe avuto partecipazioni in G.E., ma che d'altra parte G.E. avrebbe finanziato l'espansione di A.E.G. in Germania.[57] La stampa finanziaria tedesca ha anche notato che

---

[55] *New York Times*, 2 luglio 1929.

[56] Ibidem, 28 luglio 1929.

[57] Ibidem, 2 agosto 1929 e 4 agosto 1929.

non c'era alcuna rappresentanza di A.E.G. nel consiglio di amministrazione di G.E. negli Stati Uniti, ma che cinque americani erano ora nel consiglio di amministrazione di A.E.G. La *Vossische Zeitung* ha registrato,

> *L'industria elettrica americana ha conquistato il mondo e solo pochi dei bastioni opposti rimasti sono riusciti a resistere all'assalto...*[58]

Nel 1930, all'insaputa della stampa finanziaria tedesca, la General Electric aveva conquistato un effettivo monopolio tecnico dell'industria elettrica sovietica e presto sarebbe penetrata anche nei bastioni rimasti in Germania, in particolare nel gruppo Siemens. Nel gennaio 1930 tre uomini della G.E. furono eletti nel consiglio di amministrazione dell'A.E.G. - Clark H. Minor, Gerard Swope e E. H. Baldwin - e l'International General Electric (I.G.E.) continuò le sue mosse per fondere l'industria elettrica mondiale in un gigantesco cartello sotto il controllo di Wall Street.

A febbraio General Electric si concentrò sul restante gigante elettrico tedesco, Siemens & Halske, e pur riuscendo a ottenere un grosso blocco di obbligazioni emesse per conto dell'azienda tedesca dalla Dillon, Read di New York, G.E. non riuscì a ottenere la partecipazione o i consiglieri nel consiglio di amministrazione di Siemens. Mentre la stampa tedesca riconobbe anche questo controllo limitato come "un evento economico storico di prim'ordine e un passo importante verso un futuro trust elettrico mondiale",[59] Siemens mantenne la sua indipendenza dalla General Electric - e questa indipendenza è importante per la nostra storia. Il *New York Times* ha riportato la notizia,

> *Tutta la stampa sottolinea il fatto che Siemens, contrariamente ad A.E.G., mantiene la sua indipendenza per il futuro e sottolinea che nessun rappresentante di*

---

[58] Ibidem, 6 agosto 1929.

[59] Ibidem, 2 febbraio 1930.

> *General Electric siederà nel consiglio di amministrazione di Stemen.*[60]

Non ci sono prove che Siemens, sia attraverso Siemens & Halske sia attraverso Siemens-Schukert, abbia partecipato direttamente al finanziamento di Hitler. Siemens contribuì a Hitler solo in minima parte e indirettamente attraverso una partecipazione azionaria in Osram. D'altra parte, sia A.E.G. che Osram finanziarono direttamente Hitler attraverso la Nationale Treuhand in modo sostanziale. Siemens mantenne la propria indipendenza all'inizio degli anni '30, mentre sia A.E.G. che Osram erano sotto il dominio americano e con direttori americani. *Non ci sono prove che Siemens, senza direttori americani, abbia finanziato Hitler. D'altra parte, abbiamo prove documentali inconfutabili (vedi pagina 56) che sia la General Electric tedesca che Osram, entrambe con direttori americani, finanziarono Hitler.*

Nei mesi successivi al tentativo di acquisizione di Siemens da parte di Wall Street, si chiarì il modello di fiducia del mondo in via di sviluppo nell'industria elettrica; si pose fine alle lotte internazionali sui brevetti e la partecipazione di G.E. in A.E.G. salì a quasi il 30%.[61]

---

[60] Ibidem, 2 febbraio 1930.

[61] Ibidem, 11 maggio 1930. Per le macchinazioni prebelliche di General Electric, Osram e della società olandese N.V. Philips Gloeilampenfabrieken di Eindhoven, Olanda, si veda il capitolo 11, *"Electric* Eels", in James Stewart Martin, *op. cit.* Martin era capo della Divisione di Guerra Economica del Dipartimento di Giustizia degli Stati Uniti e commenta che "l'A.E.G. della Germania era in gran parte controllata dalla società americana General Electric". L'ipotesi di questo autore è che l'influenza della G.E. fosse un po' meno che controllante, anche se abbastanza sostanziale. Data la posizione ufficiale di Martin e l'accesso a documenti ufficiali, non noti all'autore, la sua affermazione che la A.E.G. era "ampiamente controllata" dalla General Electric statunitense non può essere respinta con leggerezza. Tuttavia, se accettiamo che la G.E. "controllava ampiamente" la A.E.G., allora sorgono le domande più serie che richiedono a gran voce un'indagine. La A.E.G. è stata uno dei principali finanziatori di Hitler e il "controllo" coinvolgerebbe la società madre

Di conseguenza, all'inizio degli anni Trenta, mentre Hitler si preparava a prendere il potere dittatoriale in Germania - sostenuto da alcuni, ma non tutti, industriali tedeschi e americani - la German General Electric (A.E.G.) era di proprietà della International General Electric (circa il 30%), della Gesellschaft für Electrische Unternemungen (25%) e di Ludwig Lowe (25%). International General Electric aveva anche una partecipazione di circa il 16 2/3 in Osram e un'ulteriore influenza indiretta nelle società collegate a German General Electric attraverso i comuni direttori di Electric:

Società collegate alla tedesca General Electric attraverso amministratori comuni di Electric	Direttori di German General Electric (A.E.G.)	Relazione dell'azienda collegata con il finanziamento di Hitler
Fabbrica di accumulatori	Quandt Pfeffer	Finanza diretta
Osram	Mamroth Peierls	Finanza diretta
Deutschen Babcock-Wilcox	Landau	Non conosciuto
Vereinigte Stahlwerke	Wolff Nathan Kirdorf Goldschmidt	Finanza diretta
Krupp	Nathan Klotzbach	Finanza diretta
I.G. Farben	Bucher Flechtheim von Rath	Finanza diretta
Allianz u. Stuttgarten Verein	von Rath Wolff	Segnalati, ma non comprovati
Phoenix	Fahrenhorst	Finanza diretta
Thyssen	Fahrenhorst	Finanza diretta
Demag	Fahrenhorst Flick	Finanza diretta
Dynamit Gelsenkirchener	Flechtheim Kirdorf	Attraverso I.G. Farben

statunitense più di quanto non suggeriscano le prove qui presentate.

Bergwerks	Flechtheim	Finanza diretta
Internazionale General Electric	Giovane Swope Minore Baldwin	Attraverso l'A.E.G.
I.G. Farben americana	von Rath	Attraverso I.G. Farben
Banca internazionale (Amsterdam)	H. Furstenberg Goldschmidt	Non conosciuto

Osram attraverso i direttori di A.E.G.. Nel consiglio di amministrazione di A.E.G., oltre ai quattro amministratori americani (Young, Swope, Minor e Baldwin), troviamo Pferdmenges di Oppenheim & Co. (un altro finanziatore di Hitler) e Quandt, che possedeva il 75% della Accumlatoren- Fabrik, un importante finanziatore diretto di Hitler. In altre parole, tra i membri tedeschi del consiglio di amministrazione dell'A.E.G. troviamo rappresentanti di molte delle aziende tedesche che finanziarono Hitler negli anni Venti e Trenta.

General Electric e il finanziamento di Hitler

La radice del moderno socialismo aziendale scorre in profondità nella gestione di due multinazionali affiliate: General Electric Company negli Stati Uniti e le sue consociate estere, tra cui German General Electric (A.E.G.) e Osram in Germania. Abbiamo notato che Gerard Swope, secondo presidente e presidente della General Electric, e Walter Rathenau della A.E.G. hanno promosso idee radicali per il controllo dello Stato da parte di interessi commerciali privati.

A partire dal 1915 la International General Electric (I.G.E.), con sede al 120 di Broadway a New York, agì come organizzazione di investimento, produzione e vendita all'estero per la General Electric Company. I.G.E. deteneva partecipazioni in aziende manifatturiere d'oltremare, tra cui una partecipazione del 25-30% nella General Electric tedesca (A.E.G.), oltre a partecipazioni nella Osram G.m.b.H. Kommanditgesellschaft, sempre a Berlino. Queste partecipazioni davano a International General Electric quattro direttori nel consiglio di amministrazione di A.E.G. e un altro direttore di Osram, oltre a un'influenza significativa sulle politiche interne di queste società tedesche. Il significato di questa proprietà della General Electric è che A.E.G. e Osram furono importanti fornitori di fondi per Hitler durante la sua ascesa al potere in Germania nel 1933. Una distinta di bonifico datata 2 marzo 1933 da A.E.G. a Delbruck Schickler & Co. a Berlino richiede che 60.000 Reichsmark siano depositati sul conto "Nationale Treuhand" (Amministrazione fiduciaria nazionale) per l'uso di Hitler. Questo biglietto è riprodotto qui di seguito.

L'I.G. Farben era il più importante dei finanziatori nazionali di Hitler e (come notato altrove) l'I.G. Farben controllava l'American I.G. Inoltre, diversi direttori dell'A.E.G. erano anche nel consiglio di amministrazione dell'I.G. Farben: Hermann Bucher, presidente dell'A.E.G., era nel consiglio di amministrazione dell'I.G. Farben; così come i direttori dell'A.E.G. Julius Flechtheim e Walter von Rath. I.G. Farben contribuì al 30% del fondo di amministrazione fiduciaria (o di acquisizione) nazionale di Hitler del 1933.

Walter Fahrenhorst di A.E.G. era anche nel consiglio di amministrazione di Phoenix A-G, Thyssen A-G e Demag A-G - e tutti contribuivano al fondo di Hitler. Demag A-G contribuì con 50.000 RM al fondo di Hitler e aveva un direttore con A.E.G., il famigerato Friedrich Flick, che fu il primo sostenitore di Hitler e che fu poi condannato al processo di Norimberga. La Accumulatoren Fabrik A-G era un contribuente di Hitler (25.000 RM, vedi pagina 60) con due direttori nel consiglio di amministrazione di A.E.G., August Pfeffer e Gunther Quandt. Quandt possedeva personalmente il 75% della Accumulatoren Fabrik.

Anche Osram Gesellschaft, di cui International General Electric deteneva una partecipazione diretta di 16 2/3, aveva due amministratori nel consiglio di amministrazione di A.E.G.: Paul Mamroth e Heinrich Pferls. Osram contribuì direttamente con 40.000 RM al fondo Hitler. L'impresa di Otto Wolff, Vereinigte Stahlwerke A-G, beneficiaria di ingenti prestiti a New York negli anni Venti, aveva tre direttori nel consiglio di amministrazione di A.E.G.: Otto Wolff, Henry Nathan e Jakob Goldschmidt. Alfred

Krupp yon Bohlen, unico proprietario dell'organizzazione Krupp e primo sostenitore di Hitler, era un membro dell'Aufsichsrat di A.E.G. Robert Pferdmenges, membro del Circolo degli Amici di Himmler, era anch'egli un direttore di A.E.G.

In altre parole, quasi tutti i direttori tedeschi della German General Electric erano sostenitori finanziari di Hitler e associati non solo alla A.E.G. ma anche ad altre società che finanziavano Hitler.

Walter Rathenau[62] divenne direttore di A.E.G. nel 1899 e all'inizio del XX secolo era direttore di oltre 100 società. Rathenau fu anche autore del "Piano Rathenau", che presenta una notevole somiglianza con il "Piano Swope", ossia il New Deal di FDR ma scritto da Swope della G.E. *In altre parole, abbiamo la straordinaria coincidenza che gli autori di piani simili al New Deal negli Stati Uniti e in Germania siano stati anche i principali finanziatori dei loro attuatori: Hitler in Germania e Roosevelt negli Stati Uniti.*

Swope è stato presidente del consiglio di amministrazione della General Electric Company e della International General Electric. Nel 1932, i direttori americani di A.E.G. erano legati in modo significativo agli ambienti bancari e politici americani, come segue:

GERARD SWOPE	Presidente della International General Electric e presidente della General Electric Company, direttore della National City Bank (e di altre società), direttore della A.E.G. e della Osram in Germania. Autore del New Deal di FDR e membro di numerose organizzazioni rooseveltiane.
Owen D. Young	Presidente del consiglio di amministrazione della General Electric e vicepresidente della Federal Reserve Bank di New York. Autore, insieme a J.P. Morgan, del Piano Young che sostituì il Piano Dawes nel 1929. (Si veda il primo capitolo).

---

[62] Figlio di Emil Rathenau, fondatore dell'A.E.G., nato nel 1867 e assassinato nel 1922.

<table>
<tr><td>CLARK H. Minor</td><td>Presidente e direttore di International General Electric, direttore di British Thomson Houston, Compania Generale di Electtricita (Italia) e Japan Electric Bond & Share Company (Giappone).</td></tr>
</table>

In breve, abbiamo prove concrete di indiscussa autenticità (vedi pag. 56) che dimostrano che la General Electric tedesca contribuì con somme sostanziose al fondo politico di Hitler. Vi erano quattro direttori americani della A.E.G. (Baldwin, Swope, Minor e Clark), che apparteneva all'80% alla International General Electric. Inoltre, l'I.G.E. e i quattro direttori americani rappresentavano il più grande interesse singolo e di conseguenza avevano la più grande influenza sulle azioni e sulle politiche della A.E.G.. Inoltre, quasi tutti gli altri direttori della A.E.G. erano collegati a imprese (I.G. Farben, Accumulatoren Fabrik, *ecc.)* che contribuivano direttamente - come imprese - al fondo politico di Hitler. Tuttavia, solo i direttori tedeschi di A.E.G. furono processati a Norimberga nel 1945.

Cooperazione tecnica con Krupp

Oltre all'assistenza finanziaria a Hitler, la General Electric estese la sua assistenza a schemi di cartello con altri finanziatori di Hitler, a vantaggio reciproco e dello Stato nazista. Il carburo di tungsteno cementato è un esempio di questa cooperazione tra la G.E. e i nazisti. Prima del novembre 1928, le industrie americane avevano diverse fonti di approvvigionamento di carburo di tungsteno e di utensili e matrici contenenti questo metallo duro. Tra queste fonti vi erano la Krupp Company di Essen, in Germania, e due aziende americane a cui la Krupp effettuava spedizioni e vendite, la Union Wire Die Corporation e la Thomas Prosser & Son. Nel 1928 Krupp si impegnò a concedere licenze per i brevetti statunitensi di cui era titolare alla Firth-Sterling Steel Company e alla Ludlum Steel Company. Prima del 1928, il carburo di tungsteno per utensili e stampi veniva venduto negli Stati Uniti a circa 50 dollari la libbra.

I brevetti statunitensi di cui Krupp sosteneva di essere titolare erano stati assegnati da Osram Kommanditgesellschaft, ed erano stati precedentemente assegnati dalla società tedesca Osram a General Electric. Tuttavia, General Electric aveva anche sviluppato i propri brevetti, principalmente i brevetti Hoyt e Gilson, che coprivano processi concorrenti per il carburo di tungsteno cementato. General Electric riteneva di poter utilizzare questi brevetti in modo indipendente, senza violare o competere con i brevetti Krupp. Ma invece di utilizzare i brevetti G.E. in modo indipendente in concorrenza con Krupp, o di testare i propri diritti in base alle leggi sui brevetti, General Electric elaborò un accordo di cartello con Krupp per mettere in comune i brevetti di entrambe le parti e dare a General Electric un controllo monopolistico del carburo di tungsteno negli Stati Uniti.

Il primo passo di questo accordo di cartello è stato compiuto dalla Carboloy Company, Inc. una filiale della General Electric, costituita allo scopo di sfruttare il carburo di tungsteno. Il prezzo degli anni '20, pari a circa 50 dollari al chilo, fu portato dalla Carboloy a 458 dollari al chilo. Ovviamente, nessuna azienda avrebbe potuto vendere grandi quantità di carburo di tungsteno in questa fascia di prezzo, ma il prezzo avrebbe massimizzato i profitti per la G.E. Nel 1934 la General Electric e la Carboloy riuscirono anche a ottenere, tramite acquisto, la licenza concessa da Krupp alla Ludlum Steel Company, eliminando così un concorrente. Nel 1936, Krupp fu indotta ad astenersi da ulteriori importazioni negli Stati Uniti. Parte del prezzo pagato per l'eliminazione dal mercato americano del carburo di tungsteno prodotto all'estero fu l'impegno reciproco che la General Electric e la Carboloy non avrebbero esportato dagli Stati Uniti. In questo modo queste aziende americane si legarono le mani per contratto, o permisero alla Krupp di legarle, e negarono i mercati esteri all'industria americana. La Carboloy Company acquisì quindi l'attività di Thomas Prosser & Son e nel 1937, per quasi un milione di dollari, acquisì l'attività concorrente della Union Wire Die Corporation. Rifiutandosi di vendere, Krupp collaborò con General Electric e Carboloy per convincere Union Wire Die Corporation a cedere.

Le licenze per la produzione di carburo di tungsteno furono allora rifiutate. Una richiesta di licenza da parte della Crucible Steel Company fu rifiutata nel 1936. Una richiesta di licenza da parte della Chrysler Corporation fu rifiutata nel 1938. Una licenza della Triplett Electrical Instrument Company fu rifiutata il 25 aprile 1940. Una licenza fu rifiutata anche alla General Cable Company. La Ford Motor Company ha espresso per diversi anni una forte opposizione alla politica dei prezzi elevati seguita dalla Carboloy Company e a un certo punto ha chiesto il diritto di produrre per uso proprio. La richiesta fu rifiutata. Come risultato di queste tattiche, nel 1936 o 1937 la General Electric e la sua controllata Carboloy emersero con un monopolio praticamente completo del carburo di tungsteno negli Stati Uniti.

In breve, la General Electric - con la collaborazione di un altro sostenitore di Hitler, Krupp - ottenne congiuntamente per la G.E. il monopolio del carburo di tungsteno negli Stati Uniti. Così, quando iniziò la Seconda Guerra Mondiale, la General Electric aveva un monopolio a un prezzo stabilito di 450 dollari la libbra - quasi dieci volte superiore al prezzo del 1928 - e l'uso negli Stati Uniti era stato conseguentemente limitato, A.E.G. Avoids the Bombs in World War II.

Nel 1939 l'industria elettrica tedesca era diventata strettamente legata a due aziende statunitensi: International General Electric e International Telephone and Telegraph. Le maggiori aziende tedesche di produzione elettrica e le loro affiliazioni, elencate in ordine di importanza, erano:

Impresa e tipo di produzione	Percentuale della produzione tedesca del 1939	Azienda affiliata negli Stati Uniti
Industria a corrente forte		
General Electric (A.E.G.)	40 per cento	Internazionale General Electric
Siemens Schukert A.G	40 per cento	Nessuno
Marrone Boveri et Cie	17%.	Nessuno
Telefono e telegrafo		
Siemens e Halske	60 per cento	Nessuno
Lorenz A.G.	85 per cento	I.T.T.
Radio		
Telefunken (A.E.G. dopo il 1941)	60 per cento	Internazionale General Electric
Lorenz	35 per cento	I.T.T.
Fili e cavi		
Felton & Guilleaume A.G.	20 per cento	I.T.T.

| Siemens | 20 per cento | Nessuno |
| A.E.G. | 20 per cento | Internazionale General Electric |

In altre parole, nel 1939 l'industria tedesca delle apparecchiature elettriche era concentrata in poche grandi aziende legate da un cartello internazionale e da partecipazioni azionarie a due grandi aziende statunitensi. Questo complesso industriale non è mai stato un obiettivo primario per i bombardamenti della Seconda Guerra Mondiale. Gli stabilimenti dell'A.E.G. e dell'I.T.T. furono colpiti solo incidentalmente nei raid di zona e solo raramente. Gli impianti di apparecchiature elettriche bombardati come bersaglio non erano quelli affiliati ad aziende statunitensi. Furono bombardate la Brown Boveri di Mannheim e la Siemensstadt di Berlino, che *non erano* collegate agli Stati Uniti. Di conseguenza, la produzione tedesca di apparecchiature elettriche da guerra aumentò costantemente per tutta la Seconda Guerra Mondiale, raggiungendo un picco nel 1944. Secondo i rapporti dell'U.S. Strategic Bombing Survey, "secondo l'opinione degli assistenti di Speers e dei funzionari degli impianti, lo sforzo bellico in Germania non è mai stato ostacolato in modo significativo da una carenza di apparecchiature elettriche".[63]

Un esempio della politica di non bombardamento della General Electric tedesca fu lo stabilimento A.E.G. al 185 di Muggenhofer Strasse, a Norimberga. Lo studio della produzione di questo stabilimento durante la Seconda Guerra Mondiale è interessante perché illustra la misura in cui la produzione del tempo di pace fu convertita in lavoro bellico. L'impianto di prima della guerra produceva apparecchiature domestiche, come piastre elettriche, cucine elettriche, ferri da stiro, tostapane, forni industriali, radiatori, scaldabagni, forni da cucina e riscaldatori industriali. Nel 1939, 1940 e 1941, la maggior parte degli impianti di produzione dello stabilimento di Norimberga fu utilizzata per la fabbricazione di prodotti per il tempo di pace. Nel 1942 la produzione dello stabilimento fu spostata verso la produzione di attrezzature belliche.

---

[63] The United States Strategic Bombing Survey, *German Electrical Equipment Industry/Report*, (Equipment Division, gennaio 1947), pag. 4.

Vennero prodotte parti metalliche per apparecchiature di comunicazione e munizioni come bombe e mine. L'altra produzione bellica consisteva in parti per proiettori e amplificatori. La seguente tabulazione mostra in modo molto evidente la conversione al lavoro bellico:

Anno	Vendite totali in 1000 RM	Percentuale per la guerra	Percentuale di produzione ordinaria
1939	12,469	5	95
1940	11,754	15	85
1941	21,194	40	60
1942	20,689	61	39
1948	31,455	67	33
1944	31,205	69	31

I danni fisici causati dai bombardamenti a questo impianto furono insignificanti. Non si sono verificati danni gravi fino alle incursioni del 20 e 21 febbraio 1945, verso la fine della guerra, e allora la protezione era abbastanza ben sviluppata. I raid durante i quali le bombe hanno colpito l'area dello stabilimento e i danni insignificanti sono elencati di seguito:

Data dell'irruzione	Bombe che colpiscono l'impianto	Danno fatto
8 marzo 1943	30 bastone tipo I.B.	Poca cosa, ma 3 magazzini fuori dallo stabilimento principale sono stati distrutti.
9 settembre 1944	Nessuno (danni da esplosione)	Danneggiamento di vetri e tende oscuranti.
26 novembre 1944	14000 lb. HE in spazio aperto nell'area dello stabilimento	Negozio di legname distrutto, rottura della conduttura dell'acqua.
20 febbraio 1945	2 HE	3 edifici danneggiati.
21 febbraio 1945	5 HE, molti I.B.	L'edificio amministrativo è stato distrutto e le opere di

smaltatura sono state
danneggiate da HE.

Un altro esempio di stabilimento tedesco della General Electric non bombardato è quello della A.E.G. di Koppelsdorf che produceva set di radar e antenne per bombardieri. Altri stabilimenti A.E.G. che non furono bombardati[64] e la loro produzione di attrezzature belliche furono:

ELENCO DEGLI STABILIMENTI A.E.G. NON BOMBARDATI NELLA SECONDA GUERRA MONDIALE

Nome della filiale	Posizione	Prodotto
1. Werk Reiehmannsdoff con sedi distaccate a Wallendorf e Unterweissbach	Kries Saalfeld	Strumenti di misura
2. Werk Marktschorgast	Bayreuth	Antipasti
3. Werk F18ha	Sassonia	Set di invio a onde corte
4. Werk Reichenbach	Vogtland	Batterie a secco
5. Werk Burglengefeld	Sassonia/S.E. Chemnitz	Avviatori pesanti
6. Werk Norimberga	Belringersdorf/ Norimberga	Piccoli componenti
7. Werk Zirndorf	Norimberga	Avviatori pesanti
8. Werk Mattinghofen	Oberdonau	1 KW Inviatori 250 metri e onda lunga per torpediniere e U-boot
9. Azienda di Neustadt	Coburgo	Apparecchiature radar

Che gli stabilimenti A.E.G. in Germania non siano stati bombardati durante la Seconda Guerra Mondiale è stato confermato dallo Strategic Bombing Survey degli Stati Uniti, gestito da accademici come John K. Galbraith e da uomini di Wall Street come George W.

---

[64] U.S. Strategic Bombing Survey, Rapporto dell'A.E.G. (Allgemeine Elektrizitats Gesellschaft), Norimberga, Germania: Giugno 1945), pag. 6.

Ball e Paul H. Nitze. Il loro "Rapporto sull'industria tedesca delle apparecchiature elettriche" del gennaio 1947 conclude:

> *L'industria non è mai stata attaccata come un sistema di obiettivi di base, ma alcuni stabilimenti, come la Brown Boveri a Mannheim, la Bosch a Stoccarda e la Siemenstadt a Berlino, sono stati oggetto di raid di precisione; molti altri sono stati colpiti in raid aree.*[65]

Alla fine della Seconda Guerra Mondiale, una squadra investigativa alleata nota come FIAT fu inviata per esaminare i danni causati dalle bombe agli impianti elettrici tedeschi. Il team per l'industria elettrica era composto da Alexander G.P.E. Sanders della International Telephone and Telegraph di New York, Whit-worth Ferguson della Ferguson Electric Company di New York e Erich J. Borgman della Westinghouse Electric. Sebbene l'obiettivo dichiarato di questi team fosse quello di esaminare gli effetti dei bombardamenti alleati sugli obiettivi tedeschi, l'obiettivo di questo team in particolare era quello di rimettere in produzione l'industria tedesca delle apparecchiature elettriche il prima possibile. Whirworth Ferguson scrisse un rapporto datato 31 marzo 1945 sull'A.E.G. Ostland-werke e concluse che "questo impianto è immediatamente disponibile per la produzione di parti e gruppi metallici fini".[66]

Per concludere, scopriamo che sia Rathenau della A.E.G. che Swope della General Electric negli Stati Uniti avevano idee simili di far lavorare lo Stato per i propri scopi aziendali. La General Electric ha

---

[65] p. 3. Di conseguenza, "la produzione durante la guerra fu adeguata fino al novembre 1944" e "secondo l'opinione degli assistenti di Speer e dei funzionari degli stabilimenti, lo sforzo bellico in Germania non fu mai ostacolato in modo significativo da alcuna carenza di materiale elettrico". Le difficoltà sono sorte solo alla fine della guerra, quando l'intera economia ha rischiato il collasso. Il rapporto concludeva: "Si può quindi affermare che tutti i bisogni importanti di apparecchiature elettriche nel 1944 sono stati soddisfatti, poiché i piani erano sempre ottimistici".

[66] Indagine sui bombardamenti strategici degli Stati Uniti, AEG-Ostlandwerke GmbH, di Whitworth Ferguson, 31 maggio 1945.

avuto un ruolo di primo piano nel finanziamento di Hitler, ha tratto grandi profitti dalla produzione bellica - eppure è riuscita a sottrarsi ai bombardamenti della Seconda Guerra Mondiale. Ovviamente la storia qui brevemente descritta merita un'indagine molto più approfondita e ufficiale.

Capitolo 4

La Standard Oil alimenta la Seconda Guerra Mondiale

In due marce la Germania produrrà dal carbone dolce petrolio e gas sufficienti per una lunga guerra. La Standard Oil di New York sta fornendo milioni di dollari per aiutarla.

(Rapporto dell'addetto commerciale dell'Ambasciata degli Stati Uniti a Berlino, Germania, gennaio 1933, al Dipartimento di Stato di Washington).

Il gruppo di compagnie Standard Oil, di cui la famiglia Rockefeller possedeva una quota di un quarto (e di controllo)[67], fu di fondamentale aiuto per aiutare la Germania nazista a prepararsi alla Seconda Guerra Mondiale. Questa assistenza nella preparazione militare avvenne perché le forniture di petrolio grezzo della Germania, relativamente insignificanti, erano del tutto insufficienti per la moderna guerra meccanizzata; nel 1934, ad esempio, circa l'85% dei prodotti petroliferi finiti tedeschi erano importati. La soluzione adottata dalla Germania nazista fu quella di produrre benzina sintetica dalle abbondanti scorte di carbone nazionali. Fu il processo di idrogenazione per produrre benzina sintetica e le proprietà iso-ottaniche della benzina che permisero alla Germania di entrare in guerra nel 1940 - e questo processo di idrogenazione fu sviluppato e finanziato dai laboratori della Standard Oil negli Stati

---

[67] Nel 1935, John D. Rockefeller, Jr. possedeva azioni per un valore di 245 milioni di dollari nelle società Standard Oil of New Jersey, Standard Oil of California e Socony-Vacuun Company, *New York Times*, 10 gennaio 1935.

Uniti in collaborazione con la I.G. Farben.

Le prove presentate alle commissioni Truman, Bone e Kilgore dopo la Seconda Guerra Mondiale confermarono che la Standard Oil aveva allo stesso tempo "messo in serio pericolo i preparativi bellici degli Stati Uniti".[68] A tutte e tre le commissioni del Congresso è stata presentata la prova documentale che prima della Seconda Guerra Mondiale la Standard Oil aveva concordato con la I.G. Farben, nel cosiddetto accordo Jasco, che la gomma sintetica rientrava nella sfera di influenza della Farben, mentre la Standard Oil avrebbe avuto un monopolio assoluto negli Stati Uniti *solo se e quando* la Farben avesse permesso lo sviluppo della gomma sintetica negli Stati Uniti:

> *Di conseguenza [ha concluso il Comitato Kilgore] lo Standard ha raggiunto pienamente lo scopo di I.G. di impedire la produzione negli Stati Uniti dissuadendo le aziende americane della gomma dall'intraprendere ricerche indipendenti per sviluppare processi di gomma sintetica.*[69]

Purtroppo, le commissioni del Congresso non hanno esplorato un aspetto ancora più inquietante di questa collusione tra Standard Oil e I.G. Farben: che in quel periodo i direttori della Standard Oil of New Jersey non solo avevano affiliazioni belliche strategiche con la I.G. Farben, ma avevano anche altri legami con la Germania di Hitler - fino a contribuire, attraverso società controllate tedesche, al fondo personale di Heinrich Himmler e a far parte del Circolo degli Amici di Himmler fino al 1944.

Durante la Seconda Guerra Mondiale, la Standard Oil del New Jersey fu accusata di tradimento per questa alleanza prebellica con Farben, anche se le sue attività belliche all'interno del Circolo degli Amici di Himmler erano sconosciute. Le accuse di tradimento

---

[68] *Eliminazione delle risorse tedesche*, op. cit., p. 1085.

[69] Ibidem.

furono negate con veemenza dalla Standard Oil. Una delle difese più importanti fu pubblicata da R.T. Haslam, un direttore della Standard Oil del New Jersey, sul *Petroleum Times* (25 dicembre 1943), con il titolo "Secrets Turned into Mighty War Weapons Through I.G. Farben Agreement".[70] Si trattava di un tentativo di ribaltare la situazione e di presentare la collusione prebellica come vantaggiosa per gli Stati Uniti.

A prescindere dai ricordi di guerra e dalle difese affrettate di Standard Oil, le trattative e i contratti del 1929 tra Standard e I.G. Farben sono stati registrati dalla stampa contemporanea e descrivono gli accordi tra Standard Oil of New Jersey e I.G. Farben e i loro intenti. Nell'aprile del 1929 Walter C. Teagle, presidente della Standard Oil of New Jersey, divenne direttore della nuova organizzazione americana I.G. Farben. Non perché Teagle fosse interessato all'industria chimica, ma perché,

> *Da alcuni anni intrattiene un rapporto molto stretto con alcune branche del lavoro di ricerca dell'industria I.G. Farben che riguardano da vicino l'industria petrolifera.*[71]

Teagle annunciò che da tempo si svolgeva un lavoro di ricerca congiunto sulla produzione di petrolio dal carbone e che *negli Stati Uniti* sarebbe stato istituito un laboratorio di ricerca per questo lavoro.[72] Nel novembre del 1929 fu costituita questa società di ricerca di proprietà congiunta Standard-Farben, *sotto la direzione della Standard Oil Company del New Jersey*, e tutte le ricerche e i brevetti relativi alla produzione di petrolio dal carbone detenuti sia da I.G. che da Standard furono messi in comune. In precedenza, nel periodo 1926-1929, le due società avevano collaborato allo sviluppo del processo di idrogenazione e impianti sperimentali erano stati messi in funzione sia negli Stati Uniti che in Germania. Ora si

---

[70] *NMT*, caso I.G. Farben, pag. 1304.

[71] *New York Times*, 28 aprile 1929.

[72] Ibidem.

proponeva di costruire nuovi impianti negli Stati Uniti a Bayway, nel New Jersey, e a Baytown, in Texas, oltre all'espansione del precedente impianto sperimentale di Baton Rouge. Standard ha annunciato:

> *... l'importanza del nuovo contratto applicato a questo Paese risiedeva nel fatto che esso garantiva che il processo di idrogenazione sarebbe stato sviluppato commercialmente in questo Paese sotto la guida di interessi petroliferi americani.*[73]

Nel dicembre 1929 viene organizzata la nuova società, Standard I.G. Company. F.A. Howard fu nominato presidente e i direttori tedeschi e americani furono annunciati come segue: E.M. Clark, Walter Duisberg, Peter Hurll, R.A. Reidemann, H.G. Seidel, Otto von Schenck e Guy Wellman. La maggior parte delle azioni della società di ricerca era di proprietà della Standard Oil. Il lavoro tecnico, lo sviluppo del processo e la costruzione di tre nuovi impianti di produzione di olio dal carbone negli Stati Uniti furono affidati alla Standard Oil Development Company, la filiale tecnica della Standard Oil. Da questi rapporti contemporanei emerge chiaramente che il lavoro di sviluppo dell'olio dal carbone fu intrapreso dalla Standard Oil del New Jersey negli Stati Uniti, in impianti della Standard Oil e con il finanziamento e il controllo della maggioranza da parte della Standard. I risultati di questa ricerca furono messi a disposizione della I.G. Farben e divennero la base per lo sviluppo del programma hitleriano sul petrolio dal carbone che rese possibile la Seconda Guerra Mondiale.

L'articolo di Haslam, scritto da un ex professore di ingegneria chimica del M.I.T. (allora vicepresidente della Standard Oil of New Jersey), sosteneva - contrariamente a questi fatti registrati - che la Standard Oil era in grado, grazie agli accordi con Farben, di ottenere tecnologia *tedesca* per gli Stati Uniti. Haslam citava la produzione di toluolo e paratone (Op-panol), usati per stabilizzare la viscosità del petrolio, un materiale essenziale per le operazioni invernali dei

---

[73] Ibidem, 24 novembre 1929.

carri armati nel deserto e in Russia, e la gomma buna. Tuttavia, questo articolo, con le sue affermazioni erronee, è arrivato nella Germania della guerra ed è diventato l'oggetto di un memorandum "segreto" della I.G. Farben datato 6 giugno 1944, inviato dall'imputato di Norimberga e allora funzionario della Farben, von Knieriem, ai colleghi dirigenti della Farben. Questo memorandum "segreto" di von Knieriem esponeva i fatti che Haslam ha evitato nel suo articolo *sul Petroleum Times*. Il memorandum era in realtà un riassunto di ciò che la Standard non voleva rivelare al pubblico americano, ovvero il grande contributo dato dalla Standard Oil del New Jersey alla macchina bellica nazista. Il memorandum Farben afferma che gli accordi con la Standard Oil erano *assolutamente essenziali* per la I.G. Farben:

> *La conclusione di un accordo con Standard era necessaria per motivi tecnici, commerciali e finanziari: tecnicamente, perché l'esperienza specialistica disponibile solo in una grande compagnia petrolifera era necessaria per l'ulteriore sviluppo del nostro processo, e in Germania non esisteva un'industria di questo tipo; commercialmente, perché in assenza di un controllo economico statale in Germania a quel tempo, la IG doveva evitare una lotta competitiva con le grandi potenze petrolifere, che vendevano sempre la benzina migliore al prezzo più basso in mercati contesi; finanziariamente, perché la IG, che aveva già speso somme straordinariamente elevate per lo sviluppo del processo, doveva cercare di ottenere un sollievo finanziario per poter continuare lo sviluppo in altri nuovi campi tecnici, come la buna.[74]*

Il memorandum Farben rispondeva quindi alla domanda chiave: Che cosa acquistò la I.G. Farben dalla Standard Oil di "vitale importanza per la condotta della guerra?". Il memorandum esamina i prodotti citati da Haslam - cioè l'iso-ottano, il tuluol, l'Oppanol-Paratone e la buna - e dimostra che, contrariamente a quanto dichiarato

---

[74] NMT, caso I.G. Farben, volumi VII e VIII, pagg. 1304-1311.

pubblicamente dalla Standard Oil, la loro tecnologia proveniva in gran parte dagli Stati Uniti, non dalla Germania. Per quanto riguarda l'iso-ottano, il memorandum Farben recita, in parte,

> *Grazie al loro lavoro pluridecennale sui carburanti, gli americani erano più avanti di noi nella conoscenza dei requisiti di qualità richiesti dai diversi usi dei carburanti. In particolare, avevano sviluppato, con grandi spese, un gran numero di metodi per testare la benzina per i diversi usi. Sulla base dei loro esperimenti avevano riconosciuto la buona qualità antiurto dell'iso-ottano molto prima di conoscere il nostro processo di idrogenazione. Lo dimostra il singolo fatto che in America i carburanti sono classificati in numeri di ottano, e l'iso-ottano è stato indicato come il miglior carburante con il numero 100. Tutte queste conoscenze sono diventate naturalmente nostre grazie all'accordo, che ci ha risparmiato molti sforzi e ci ha protetto da molti errori.*

I.G. Farben aggiunge che l'affermazione di Haslam, secondo cui la produzione di iso-ottano sarebbe diventata nota in America solo grazie al processo di idrogenazione di Farben, non è corretta:

> *Soprattutto nel caso dell'iso-ottano, è dimostrato che dobbiamo molto agli americani, perché nel nostro lavoro abbiamo potuto attingere ampiamente alle informazioni americane sul comportamento dei carburanti nei motori. Inoltre, gli americani ci tenevano costantemente informati sui progressi del loro processo produttivo e sul suo ulteriore sviluppo.*

> *Poco prima della guerra, in America è stato scoperto un nuovo metodo per la produzione di iso-ottano: l'alchilazione con isomerizzazione come fase preliminare. Questo processo, che il signor Haslain non menziona affatto, ha origine interamente dagli americani e ci è stato reso noto nei dettagli nelle sue singole fasi grazie agli accordi con loro, e viene da noi utilizzato in modo molto esteso.*

Per quanto riguarda il toluolo, I.G. Farben sottolinea un'imprecisione nell'articolo di Haslam: il toluolo *non è* stato prodotto per idrogenazione negli Stati Uniti, come sostiene il professor Haslam. Per quanto riguarda l'Oppanol, la nota di I.G. definisce le informazioni di Haslam "incomplete" e, per quanto riguarda la gomma buna, "non abbiamo mai fornito informazioni tecniche agli americani, né vi è stata cooperazione tecnica nel campo della buna". Soprattutto, la nota di Farben descrive alcuni prodotti non citati da Haslam nel suo articolo:

> *Come conseguenza dei nostri contratti con gli americani, abbiamo ricevuto da loro, al di là degli accordi, molti contributi molto preziosi per la sintesi e il miglioramento dei carburanti per motori e degli oli lubrificanti, che proprio ora, durante la guerra, ci sono molto utili; e abbiamo anche ricevuto altri vantaggi da loro. In primo luogo, si possono citare i seguenti:*

> *Soprattutto, il miglioramento dei combustibili attraverso l'aggiunta di piombo tetraetile e la fabbricazione di questo prodotto. Non è necessario ricordare che senza il piombo tetraetile gli attuali metodi di guerra sarebbero impossibili. Il fatto che fin dall'inizio della guerra fossimo in grado di produrre piombo tetraetile è interamente dovuto al fatto che, poco prima, gli americani ci avevano presentato i piani di produzione, completi del loro know-how. Era, inoltre, la prima volta che gli americani decidevano di concedere una licenza su questo processo in un Paese straniero (oltre alla comunicazione di segreti non protetti) e questo solo su nostra pressante richiesta alla Standard Oil di esaudire il nostro desiderio. Per contratto non potevamo pretenderlo, e scoprimmo in seguito che il Dipartimento della Guerra di Washington diede il permesso solo dopo una lunga riflessione.*

> *Conversione di insaturi a bassa molecola in benzina utilizzabile (polimerizzazione). Molto lavoro in questo campo è stato fatto sia qui che in America. Ma gli americani sono stati i primi a portare avanti il processo*

su larga scala, il che ci ha suggerito di sviluppare il processo anche su larga scala tecnica. Ma soprattutto, in Germania funzionano impianti costruiti secondo i processi americani.

Anche nel campo degli oli lubrificanti la Germania, grazie al contratto con l'America, ha appreso un'esperienza straordinariamente importante per la guerra attuale.

A questo proposito, abbiamo ottenuto non solo l'esperienza di Standard, ma, attraverso Standard, anche quella di General Motors e di altre grandi aziende automobilistiche americane.

Come ulteriore esempio di effetto vantaggioso per noi del contratto tra la IG e la Standard Oil, va menzionato quanto segue: negli anni 1934/1935 il nostro governo aveva il massimo interesse a raccogliere dall'estero uno stock di prodotti petroliferi minerali di particolare valore (in particolare, benzina per aviazione e olio lubrificante per aviazione), e a tenerlo in riserva per un importo approssimativamente pari a 20 milioni di dollari al valore di mercato. Il governo tedesco chiese all'IG se non fosse possibile, sulla base delle sue relazioni amichevoli con la Standard Oil, acquistare questa quantità a nome della Farben, ma in realtà come fiduciario del governo tedesco. Il fatto che siamo riusciti, attraverso trattative difficilissime, ad acquistare la quantità desiderata dal nostro governo dalla Standard Oil Company americana e dal gruppo olandese - inglese Royal - Dutch - Shell e a trasportarla in Germania, è stato possibile solo grazie all'aiuto della Standard Oil Co.

Piombo etilico per la Wehrmacht

Un altro importante esempio di assistenza della Standard Oil alla Germania nazista - in collaborazione con la General Motors - fu la fornitura di piombo etilico. Il fluido etilico è un composto antidetonante usato nei carburanti per l'aviazione e per le automobili per eliminare i colpi e migliorare così l'efficienza dei motori; senza questi composti antidetonanti, la moderna guerra mobile sarebbe impraticabile.

Nel 1924 fu costituita a New York la Ethyl Gasoline Corporation, di proprietà congiunta della Standard Oil Company of New Jersey e della General Motors Corporation, per controllare e utilizzare i brevetti statunitensi per la produzione e la distribuzione di piombo tetraetile e fluido etilico negli Stati Uniti e all'estero. Fino al 1935 la produzione di questi prodotti era stata avviata *solo* negli Stati Uniti. Nel 1935 la Ethyl Gasoline Corporation trasferì il suo know-how in Germania per utilizzarlo nel programma di riarmo nazista. Questo trasferimento avvenne nonostante le proteste del governo americano.[75]

L'intenzione della Ethyl di trasferire la sua tecnologia anti-detonazione alla Germania nazista fu portata all'attenzione dell'Army Air Corps all'indirizzo di Washington, D.C. Il 15 dicembre 1934 E. W. Webb, presidente della Ethyl Gasoline, fu informato che Washington era venuta a conoscenza dell'intenzione di "formare una società tedesca con l'I.G. per produrre piombo etilico in quel paese". Il Dipartimento della Guerra ha indicato che c'erano notevoli critiche nei confronti di questo trasferimento tecnologico, che avrebbe potuto "avere le più gravi ripercussioni" per gli Stati Uniti; che la domanda commerciale di piombo etilico in Germania era troppo piccola per essere interessante; e che,

> *... è stato affermato che la Germania si sta armando segretamente [e] il piombo etilico sarebbe senza dubbio un valido aiuto per gli aerei militari.*[76]

---

[75] Si veda la lettera del Dipartimento della Guerra degli Stati Uniti riprodotta come Appendice D.

[76] Congresso degli Stati Uniti. Senato. Audizioni davanti a una sottocommissione della Commissione per gli affari militari. *Scientific and*

La Ethyl Company fu avvisata dall'Army Air Corps che "in nessun caso voi o il Consiglio di Amministrazione della Ethyl Gasoline Corporation dovreste rivelare alla Germania qualsiasi segreto o 'know-how' in relazione alla produzione di piombo tetraetile".[77]

Il 12 gennaio 1935 Webb inviò al capo dell'Army Air Corps una "Dichiarazione dei fatti", che era in effetti una negazione della trasmissione di tali conoscenze tecniche; si offrì di inserire una clausola di questo tipo nel contratto per evitare qualsiasi trasferimento. Tuttavia, contrariamente a quanto promesso all'Army Air Corps, la Ethyl firmò successivamente un accordo di produzione congiunta con la I.G. Farben in Germania per formare la Ethyl G.m.b.H. e con la Montecatini nell'Italia fascista per lo stesso scopo.

Vale la pena ricordare i direttori della Ethyl Gasoline Corporation al momento di questo trasferimento[78]: E.W. Webb, presidente e direttore; C.F. Kettering; R.P. Russell; W.C. Teagle, Standard Oil of New Jersey e amministratore della Georgia Warm Springs Foundation di FDR; F. A. Howard; E. M. Clark, Standard Oil of New Jersey; A. P. Sloan, Jr.; D. Brown; J. T. Smith; e W.S. Parish della Standard Oil of New Jersey.

I file della I.G. Farben catturati alla fine della guerra confermano l'importanza di questo particolare trasferimento tecnico per la Wehrmacht tedesca:

> *Fin dall'inizio della guerra siamo stati in grado di produrre piombo tetraetile solo perché, poco tempo prima dello scoppio della guerra, gli americani avevano creato per noi impianti pronti per la produzione e ci avevano fornito tutta l'esperienza disponibile. In questo*

Technical Mobilization, (78° Congresso, 1° sessione, S. 702), Parte 16, (Washington: Government Printing Office, 1944), pag. 939. In seguito citato come *Mobilitazione scientifica e tecnica*.

[77] Ibidem.

[78] *Oil and Petroleum Yearbook, 1938*, pag. 89.

> *modo non abbiamo dovuto svolgere il difficile lavoro di sviluppo, perché abbiamo potuto avviare subito la produzione sulla base di tutta l'esperienza che gli americani avevano maturato per anni.*[79]

Nel 1938, poco prima dello scoppio della guerra in Europa, la Luftwaffe tedesca aveva una richiesta urgente di 500 tonnellate di piombo tetraetile. Ethyl fu avvisata da un funzionario di DuPont che tali quantità di etile sarebbero state utilizzate dalla Germania per scopi militari.[80] Queste 500 tonnellate furono prestate dalla Ethyl Export Corporation di New York alla Ethyl G.m.b.H. della Germania, in una transazione concordata dal Ministero dell'Aviazione del Reich con il direttore della I.G. Farben Mueller-Cunradi. La garanzia collaterale fu concordata in una lettera datata 21 settembre 1938[81] attraverso la Brown Brothers, Harriman & Co. di New York.

Standard Oil of New Jersey e gomma sintetica

Il trasferimento della tecnologia etilica alla macchina da guerra nazista si è ripetuto nel caso della gomma sintetica. Non c'è dubbio che la capacità della Wehrmacht tedesca di combattere la Seconda Guerra Mondiale dipendesse dalla gomma sintetica - oltre che dal petrolio sintetico - perché la Germania non ha gomma naturale e la guerra sarebbe stata impossibile senza la produzione di gomma sintetica della Farben. La Farben aveva il monopolio virtuale di questo settore e il programma di produzione delle grandi quantità necessarie era finanziato dal Reich:

> *Il volume della produzione pianificata in questo campo era di gran lunga superiore alle esigenze dell'economia*

---

[79] *New York Times*, 19 ottobre 1945, p. 9.

[80] George W. Stocking & Myron W. Watkins, *Cartels in Action*, (New York: The Twentieth Century Fund, 1946), p. 9.

[81] Per i documenti originali si veda *NMT*, caso I.G. Farben, Volume VIII, pagg. 1189-94.

> *in tempo di pace. Gli enormi costi coinvolti erano coerenti solo con le considerazioni militari, in cui la necessità di autosufficienza senza tener conto dei costi era decisiva.*[82]

Come nel caso dei trasferimenti di tecnologia etilica, la Standard Oil del New Jersey era intimamente legata alla gomma sintetica di I.G. Farben. Alla fine degli anni Venti vennero stipulati una serie di accordi di cartello congiunti finalizzati al monopolio mondiale della gomma sintetica. Il Piano quadriennale di Hitler entrò in vigore nel 1937 e nel 1938 Standard fornì a I.G. Farben il suo nuovo processo per la gomma butilica. D'altro canto, Standard tenne segreto il processo tedesco della buna negli Stati Uniti e solo nel giugno 1940 Firestone e U.S. Rubber poterono partecipare alla sperimentazione del butile e ottenere le licenze di produzione della buna. Anche allora Standard cercò di convincere il governo degli Stati Uniti a finanziare un programma di buna su larga scala, riservando i propri fondi al più promettente processo del butile.[83]

Di conseguenza, l'assistenza di Standard nella Germania nazista non si limitò al petrolio ricavato dal carbone, anche se questo fu il trasferimento più importante. Non solo il processo per il tetraetile fu trasferito alla I.G. Farben e fu costruito un impianto in Germania di proprietà congiunta della I.G., della General Motors e delle filiali Standard di; ma già nel 1939 la filiale tedesca della Standard progettò un impianto tedesco per il gas d'aviazione. Il tetraetile fu spedito d'emergenza per la Wehrmacht e fu fornita un'importante assistenza nella produzione di gomma butilica, pur mantenendo segreto negli Stati Uniti il processo Farben per la buna. In altre parole, la Standard Oil del New Jersey (prima sotto il presidente W.C. Teagle e poi sotto W.S. Farish) aiutò costantemente la macchina da guerra nazista, rifiutandosi di aiutare gli Stati Uniti.

Questa sequenza di eventi non fu casuale. Il presidente W.S. Farish

---

[82] *NMT*, caso I.G. Farben, volume VIII, pagg. 1264-5.

[83] *Mobilitazione scientifica e tecnica*, pag. 543.

sostenne che non aver concesso tale assistenza tecnica alla Wehrmacht "... sarebbe stato ingiustificato".[84] L'assistenza era competente, si protrasse per oltre un decennio e fu così sostanziale che senza di essa la Wehrmacht non avrebbe potuto entrare in guerra nel 1939.

La Deutsche-Amerikanische Petroleum A.G. (DAPAG)

La filiale di Standard Oil in Germania, Deutsche-Amerikanische Petroleum A.G. (DAPAG), apparteneva per il 94% alla Standard Oil del New Jersey. DAPAG aveva filiali in tutta la Germania, una raffineria a Brema e una sede centrale ad Amburgo. Attraverso la DAPAG, la Standard Oil of New Jersey era rappresentata nei circoli ristretti del nazismo: il Circolo Keppler e il Circolo degli Amici di Himmler. Un direttore della DAPAG era Karl Lindemann, anche presidente della Camera di Commercio Internazionale in Germania, nonché direttore di diverse banche, tra cui la Dresdner Bank, la Deutsche Reichsbank e la banca privata di orientamento nazista C. Melchior & Company, e di numerose società tra cui la HAPAG (Hamburg-Amerika Line). Lindemann fu membro del Circolo degli Amici di Keppler fino al 1944, dando così alla Standard Oil del New Jersey un rappresentante nel cuore del nazismo. Un altro membro del consiglio di amministrazione della DAPAG era Emil Helfrich, che era un membro originario del Circolo Keppler.

In sintesi, la Standard Oil of New Jersey aveva due membri del Circolo Keppler come direttori della sua filiale tedesca interamente controllata. I pagamenti al Circolo da parte della società controllata dalla Standard Oil, e da Lindemann e Helffrich in qualità di singoli amministratori, continuarono fino al 1944, l'anno prima della fine della Seconda Guerra Mondiale.[85]

---

[84] Robert Engler, *The Politics of Oil*, (New York: The MacMillan Company, 1961), pag. 102.

[85] Per i dettagli si veda il Capitolo 9.

Capitolo 5

L'I.T.T. lavora su entrambi i fronti della guerra

Così, mentre gli aerei I.T.T. Focke-Wolfe bombardavano le navi alleate e le linee I.T.T. passavano informazioni ai sommergibili tedeschi, i cercatori di direzione I.T.T. salvavano altre navi dai siluri.

(Anthony Sampson, The Sovereign State of I.T.T., New York: Stein & Day, 1973, p. 40).

Il gigante multinazionale International Telephone and Telegraph (I.T.T.)[86] è stato fondato nel 1920 dall'imprenditore originario delle Isole Vergini Sosthenes Behn. Durante la sua vita Behn fu l'epitome dell'uomo d'affari politicizzato, guadagnando i suoi profitti e costruendo l'impero I.T.T. attraverso manovre politiche piuttosto che nel mercato competitivo. Nel 1923, grazie all'abilità politica, Behn acquisì il monopolio telefonico spagnolo, Compania Telefonica de Espana. Nel 1924 la I.T.T., ora sostenuta dalla J.P. Morgan, acquistò quello che in seguito divenne il gruppo International Standard Electric, con stabilimenti produttivi in tutto il mondo.

Il consiglio di amministrazione di I.T.T. rifletteva gli interessi di J.P. Morgan, con i soci di Morgan Arthur M. Anderson e Russell Leffingwell. Lo studio legale dell'establishment Davis, Polk, Wardwell, Gardiner & Reed era rappresentato dai due soci minori

---

[86] Per un'eccellente rassegna delle attività mondiali dell'I.T.T., si veda Anthony Sampson, *The Sovereign State of I.T.T.*, (New York: Stein & Day, 1973).

Gardiner & Reed.

DIRETTORI DELL'I.T.T. NEL 1933:

Direttori	Affiliazione con altre società di Wall Street
Arthur M. ANDERSON	Socio, J.P. MORGAN e New York Trust Company
Hernand BEHN	Banca d'America
Sostene BEHN	BANCA NAZIONALE DELLA CITTÀ
F. Wilder BELLAMY	Partner di Dominick & Dominicik
John W. CUTLER	BANCA NAZIONALE GRACE, Lee Higginson
George H. GARDINER	Partner di Davis, Polk, Wardwell, Gardiner & Reed
Allen G. HOYT	BANCA NAZIONALE DELLA CITTÀ
Russell C. LEFFINGWELL	Partner J.P. MORGAN e CARNEGIE CORP.
Bradley W. PALMER	Presidente del Comitato esecutivo di UNITED FRUIT
Lansing P. REED	Socio di Davis, Polk Wardwell, Gardiner & Reed

La National City Bank (NCB) del gruppo Morgan era rappresentata da due direttori, Sosthenes Behn e Allen G. Hoyt. In breve, la I.T.T. era una società controllata da Morgan; e abbiamo già notato l'interesse delle società controllate da Morgan per la guerra e la rivoluzione all'estero e per le manovre politiche negli Stati Uniti.[87]

Nel 1930 Behn acquisì la holding tedesca Standard Elekrizitäts A.G., controllata da I.T.T. (62,0% delle azioni con diritto di voto), A.E.G. (81,1% delle azioni con diritto di voto) e Felton & Guilleaume (6% delle azioni con diritto di voto). Con questa operazione Standard acquisì due stabilimenti produttivi tedeschi e la maggioranza delle azioni della Telefonfabrik Berliner A.G.I.T.T. ottenendo anche le filiali di Standard in Germania, Ferdinand Schuchardt Berliner Fernsprech-und Telegraphenwerk A.G., Mix &

---

[87] Si veda anche Sutton, *Wall Street e la rivoluzione bolscevica, op. cit.*

Genest in Berlin e Suddeutsche Apparate Fabrik G.m.b.H. in Nuremburg.

È interessante notare che mentre l'I.T.T. di Sosthenes Behn controllava le compagnie telefoniche e gli impianti di produzione in Germania, il traffico via cavo tra gli Stati Uniti e la Germania era sotto il controllo della Deutsch-Atlantische Telegraphengesellschaft (la Compagnia Tedesca dei Cavi Atlantici). Questa società, insieme alla Commercial Cable Company e alla Western Union Telegraph Company, deteneva il monopolio delle comunicazioni via cavo transatlantiche tra Stati Uniti e Germania. La W.A. Harriman & Company rilevò un blocco di 625.000 azioni della Deutsch-Atlantische nel 1925 e il consiglio di amministrazione dell'azienda comprendeva un'insolita serie di personaggi, molti dei quali abbiamo incontrato altrove. Tra questi, ad esempio, H. F. Albert, l'agente di spionaggio tedesco negli Stati Uniti durante la Prima Guerra Mondiale, l'ex socio d'affari di Franklin D. Roosevelt, Yon Berenberg-Gossler, e il dottor Cuno, ex cancelliere tedesco dell'era inflazionistica del 1923. L'I.T.T. negli Stati Uniti era rappresentata nel consiglio di amministrazione da yon Guilleaume e Max Warburg della famiglia bancaria Warburg.

Il barone Kurt von Schroder e l'I.T.T.

Non risulta che I.T.T. abbia effettuato pagamenti diretti a Hitler prima della presa di potere nazista nel 1933. D'altra parte, numerosi pagamenti furono effettuati a Heinrich Himmler alla fine degli anni Trenta e nella stessa Seconda Guerra Mondiale attraverso le filiali tedesche della I.T.T.. Il primo incontro tra Hitler e i funzionari della I.T.T. - per quanto ne sappiamo - risale all'agosto del 1933[88], quando Sosthenes Behn e il rappresentante tedesco della I.T.T. Henry Manne si incontrarono con Hitler a Berchesgaden. Successivamente, Behn entrò in contatto con la cerchia di Keppler (si veda il capitolo 9) e, grazie all'influenza di Keppler, il barone nazista Kurt von Schröder divenne il custode degli interessi dell'I.T.T. in Germania. Schröder agì come tramite per il denaro

---

[88] *New York Times,* 4 agosto 1933.

I.T.T. incanalato verso l'organizzazione S.S. di Heinrich Himmler nel 1944, *mentre era in corso la Seconda Guerra Mondiale e gli Stati Uniti erano in guerra con la Germania.*[89]

Tramite Kurt Schröder, Behn e la sua I.T.T. ottennero l'accesso alla redditizia industria tedesca degli armamenti e acquistarono partecipazioni sostanziali in aziende tedesche di armamenti, tra cui gli aerei Focke-Wolfe. Queste operazioni di armamento produssero profitti notevoli, che avrebbero potuto essere rimpatriati alla società madre statunitense. Ma furono reinvestiti nel riarmo tedesco. Questo reinvestimento dei profitti nelle imprese di armamento tedesche suggerisce che le affermazioni di Wall Street di essere innocente per quanto riguarda il riarmo tedesco - e di non essere nemmeno a conoscenza delle intenzioni di Hitler - sono fraudolente. In particolare, l'acquisto da parte della I.T.T. di una partecipazione sostanziale nella Focke-Wolfe significava, come ha sottolineato Anthony Sampson, che la I.T.T. stava producendo aerei tedeschi usati per uccidere gli americani e i loro alleati - e che aveva ottenuto ottimi profitti da questa impresa.

Con Kurt von Schröder, l'ITT aveva accesso al cuore dell'élite nazista. Chi era Schröder? Il barone Kurt von Schröder nacque ad Amburgo nel 1889 da un'antica e affermata famiglia di banchieri tedeschi. Un precedente membro della famiglia Schröder si trasferì a Londra, cambiò il suo nome in Schroder (senza la dieresi) e organizzò la società bancaria J. Henry Schroder a Londra e la J. Henry Schroder Banking Corporation a New York. Kurt von Schröder divenne anche socio della Bankhaus privata di Colonia, J. H. Stein & Company, fondata alla fine del XVIII secolo. Sia Schröder che Stein erano stati promotori, insieme a finanzieri francesi, del movimento separatista tedesco del 1919, che tentava di separare la ricca Renania dalla Germania e dai suoi problemi. In questa fuga, importanti industriali renani si incontrarono a casa di J. H. Stein il 7 gennaio 1919 e qualche mese dopo organizzarono una riunione, con Stein come presidente, per sviluppare il sostegno

---

[89] Si veda anche il Capitolo 9 per le prove documentali di questi pagamenti I.T.T. alla S.S.

pubblico al movimento separatista. L'azione del 1919 fallì. Il gruppo ci riprovò nel 1923 e guidò un altro movimento per staccare la Renania dalla Germania e metterla sotto la protezione della Francia. Anche questo tentativo fallì. Kurt yon Schrader si legò poi a Hitler e ai primi nazisti; come nei movimenti separatisti della Renania del 1919 e del 1923, Schröder rappresentava e lavorava per gli industriali e i produttori di armamenti tedeschi.

In cambio del sostegno finanziario e industriale organizzato da Yon Schrader, egli ottenne in seguito prestigio politico. Subito dopo la conquista del potere da parte dei nazisti nel 1933, Schrader divenne il rappresentante tedesco presso la Banca dei Regolamenti Internazionali, che Quigley definisce l'apice del sistema di controllo internazionale, nonché capo del gruppo di banchieri privati che consigliava la Reichsbank tedesca. Heinrich Himmler nominò Sehroder capo del gruppo S.S. e a sua volta Himmler divenne un membro di spicco del Circolo di Keppler. (Si veda il capitolo 9).

Nel 1938 la Schroder Bank di Londra divenne l'agente finanziario tedesco in Gran Bretagna, rappresentato alle riunioni finanziarie dal suo amministratore delegato (e direttore della Banca d'Inghilterra), F.C. Tiarks. Durante la Seconda Guerra Mondiale, il barone Schrader aveva acquisito un'impressionante lista di connessioni politiche e bancarie che riflettevano un'influenza diffusa; è stato persino riferito alla commissione statunitense Kilgore che Schrader era abbastanza influente nel 1940 da portare Pierre Laval al potere in Francia. Come elencato dal Comitato Kilgore, le acquisizioni politiche di Sehroder nei primi anni Quaranta erano le seguenti:

SS Capogruppo senior.	Gruppo commerciale per il commercio all'ingrosso e all'estero - Responsabile.
Croce di Ferro di Prima e Seconda Classe.	Akademie fur Deutsches Recht (Accademia del diritto tedesco) - Membro
Console generale svedese.	Città di Colonia - Consigliere.
Camera di Commercio Internazionale - Membro del comitato amministrativo.	Università di Colonia - Membro del consiglio di amministrazione.

Consiglio delle Poste del Reich - Membro del comitato consultivo.	Fondazione Kaiser Wilhelm - Senatore.
Assemblea tedesca dell'industria e del commercio - Membro di presidenza.	Consiglio consultivo dei tedesco-albanesi.
Membro del Consiglio degli Affari Economici del Reich.	Ufficio di compensazione delle merci - Membro.
Deutsche Reichsbahn - Presidente del consiglio di amministrazione.	Comitato di lavoro del Gruppo del Reich per l'Industria e il Commercio - Vicepresidente[90]

Le connessioni bancarie di Schröder erano altrettanto impressionanti e le sue connessioni commerciali (non elencate qui) occuperebbero due pagine:

Banca dei Regolamenti Internazionali - Membro della direzione.	Deutsche Verkehrs-Kredit-Bank, A.G., Berlino (controllata da Deutsche Reichsbank) - Presidente del consiglio di amministrazione.
J.H. Stein & Co, Colonia - Partner (la Banque Worms era il corrispondente francese).	Deutsche Ueberseeische Bank (controllata da Deutsche Bank, Berlino) - Amministratore[91]
Deutsche Reichsbank, Berlino. Consulente del consiglio di amministrazione.	Wirtschaftsgruppe Private Bankegewerbe - Leader.

Si tratta dello Schröder che, dopo il 1933, rappresentò Sosthenes Behn della I.T.T. e gli interessi della I.T.T. nella Germania nazista. Proprio perché Schröder aveva questi eccellenti legami politici con Hitler e lo Stato nazista, Behn nominò Schröder nei consigli di amministrazione di tutte le società tedesche di I.T.T.: Standard Electrizitatswerke A.G. di Berlino, C. Lorenz A.G. di Berlino e Mix & Genest A.G. (in cui Standard aveva una partecipazione del 94%).

A metà degli anni Trenta si creò un altro legame tra Wall Street e Schröder, questa volta attraverso i Rockefeller. Nel 1936 le attività di sottoscrizione e di titoli generali gestite dalla J. Henry Schroder Banking Corporation di New York furono fuse in una nuova società di investment banking, la Schroder, Rockefeller & Company, Inc. al

---

[90] *Eliminazione delle risorse tedesche,* pag. 871.

[91] Ibidem.

48 di Wall Street. Carlton P. Fuller della Schroder Banking Corporation divenne presidente e Avery Rockefeller, figlio di Percy Rockefeller (fratello di John D. Rockefeller) divenne vicepresidente e direttore della nuova società. In precedenza, Avery Rockefeller era stato associato dietro le quinte alla J. Henry Schroder Banking Corporation; la nuova società lo fece uscire allo scoperto.[92]

Westrick, Texaco e I.T.T.

L'ITT aveva un altro collegamento con la Germania nazista, attraverso l'avvocato tedesco Gerhard Westrick. Westrick faceva parte di un gruppo ristretto di tedeschi che avevano svolto attività di spionaggio negli Stati Uniti durante la Prima Guerra Mondiale. Il gruppo comprendeva non solo Kurt von Schröder e Westrick, ma anche Franz yon Papen - che incontreremo insieme a James Paul Warburg della Bank of Manhattan nel Capitolo 10 - e il dottor Heinrich Albert. Albert, presunto addetto commerciale tedesco negli Stati Uniti durante la prima guerra mondiale, era in realtà incaricato di finanziare il programma di spionaggio di yon Papen. Dopo la prima guerra mondiale, Westrick e Albert formarono lo studio legale Albert & Westrick, che si specializzò e trasse grandi profitti dai prestiti di riparazione di Wall Street. Lo studio Albert & Westrick si occupò della parte tedesca dei prestiti bancari di J. Henry Schroder, mentre lo studio John Foster Dulles di Sullivan and Cromwell a New York si occupò della parte statunitense dei prestiti di Schroder.

Poco prima della Seconda Guerra Mondiale, l'operazione di spionaggio Albert-Papen-Westrick negli Stati Uniti cominciò a ripetersi, solo che questa volta le autorità americane erano più attente. Westrick giunse negli Stati Uniti nel 1940, presumibilmente come addetto commerciale ma in realtà come rappresentante personale di Ribbentrop. Un flusso di visite all'influente ufficio di Westrick, che eludeva importanti direttori di aziende petrolifere e industriali statunitensi, portò Westrick all'attenzione dell'FBI.

---

[92] *New York Times*, 20 luglio 1936.

In questo periodo Westrick divenne direttore di tutte le operazioni I.T.T. in Germania, al fine di proteggere gli interessi I.T.T. durante il previsto coinvolgimento degli Stati Uniti nella guerra europea.[93] Tra le sue altre imprese Westrick tentò di persuadere Henry Ford a tagliare le forniture alla Gran Bretagna, e il trattamento di favore riservato dai nazisti agli interessi della Ford in Francia suggerisce che Westrick riuscì in parte a neutralizzare gli aiuti statunitensi alla Gran Bretagna.

Sebbene il più importante legame commerciale di Westrick in tempo di guerra negli Stati Uniti fosse con la International Telephone and Telegraph, egli rappresentò anche altre aziende statunitensi, tra cui Underwood Elliott Fisher, proprietaria della società tedesca Mercedes Buromaschinen A.G.; Eastman Kodak, che aveva una filiale Kodak in Germania; e la International Milk Corporation, con una filiale ad Amburgo. Tra gli affari di Westrick (e quello che ha ricevuto più pubblicità) c'è un contratto per la fornitura di petrolio alla Marina tedesca da parte di Texaco, che egli organizzò con Torkild Rieber, presidente del consiglio di amministrazione della Texaco Company.

Nel 1940 Rieber discusse un accordo petrolifero con Hermann Goering, e Westrick negli Stati Uniti lavorò per la Texas Oil Company. La sua automobile era stata acquistata con i fondi della Texaco e la richiesta di patente di Westrick riportava la Texaco come indirizzo di lavoro. Queste attività furono rese pubbliche il 12 agosto 1940. Rieber si dimise da Texaco e Westrick tornò in Germania. Due anni dopo Rieber era presidente della South Carolina Shipbuilding and Dry Docks, che supervisionava la costruzione di navi della Marina degli Stati Uniti per oltre 10 milioni di dollari, e direttore della Barber Asphalt Corporation della famiglia

---

[93] Anthony Sampson riferisce di un incontro tra il vicepresidente dell'I.T.T. Kenneth Stockton e Westrick in cui si pianificò la conservazione delle proprietà dell'I.T.T.. Cfr. Anthony Sampson, op. cit., p. 39.

Guggenheim e della Seaboard Oil Company dell'Ohio.[94]

I.T.T. nella Germania della guerra

Nel 1939 la I.T.T. negli Stati Uniti controllava la Standard Elektrizitats in Germania, e a sua volta la Standard Elektrizitats controllava il 94% della Mix & Genest. Nel consiglio di amministrazione della Standard Elektrizitats c'erano il barone Kurt yon Schrader, un banchiere nazista al centro del nazismo, ed Emil Heinrich Meyer, cognato del Segretario di Stato Keppler (fondatore del Circolo Keppler) e direttore della General Electric tedesca. Schrader e Meyer erano anche direttori della Mix & Genest e dell'altra sussidiaria della I.T.T., la C. Lorenz Company; entrambe le sussidiarie della I.T.T. contribuivano in denaro al Circolo degli Amici di Himmler, *cioè* al fondo nero delle S.S. naziste. Nel 1944, Mix & Genest contribuì con 5.000 RM a Himmler e Lorenz con 20.000 RM. In breve, durante la Seconda Guerra Mondiale la International Telephone and Telegraph effettuava pagamenti in contanti al leader delle S.S. Heinrich Himmler. Questi pagamenti permisero alla I.T.T. di proteggere il suo investimento nella Focke-Wolfe, un'azienda produttrice di aerei da combattimento utilizzati contro gli Stati Uniti.

L'interrogatorio di Kurt von Schröder del 19 novembre 1945 evidenzia la natura deliberata della stretta e proficua relazione tra il colonnello Sosthenes Behn dell'I.T.T., Westrick, Schröder e la macchina bellica nazista durante la Seconda Guerra Mondiale, e che *si trattava di una relazione deliberata e consapevole:*

---

[94] Non c'è alcuna sostanza nelle notizie secondo cui Rieber avrebbe ricevuto 20.000 dollari dai nazisti. Questi rapporti sono stati indagati dall'FBI, ma non hanno fornito alcuna prova. Cfr. Senato degli Stati Uniti, Sottocommissione per indagare sull'amministrazione della legge sulla sicurezza interna. Internal Security Act, Committee on the Judiciary, *Morgenthau Diary (Germany)*, Volume I, 90th Congress, 1st Session, November 20, 1967, (Washington: U.S. Government Printing Office, 1967), pp. 316-8. Su Rieber si veda anche l'*Appendice al Congressional Record*, 20 agosto 1942, p, A 1501-2, Remarks of Hon. John M. Coffee.

Q. Nella sua precedente testimonianza ci ha parlato di un certo numero di società in Germania in cui la International Telephone and Telegraph Company o la Standard Electric Company avevano una partecipazione. La International Telephone and Telegraph Company o la Standard Electric Company avevano partecipazioni in altre società in Germania?

A. Sì. La Lorenz Company, poco prima della guerra, prese una partecipazione di circa il 25% nella Focke-Wolfe A.G. di Brema. Focke-Wolfe produceva aeroplani per il Ministero dell'Aviazione tedesco. Credo che in seguito, con l'espansione della Focke-Wolfe e l'ingresso di nuovi capitali, la partecipazione della Lorenz sia scesa un po' al di sotto di questo 25%.

Q. Quindi questa partecipazione a Focke-Wolfe da parte della Lorenz Company è iniziata dopo che la Lorenz Company era quasi al 100% di proprietà e controllata dal colonnello Behn attraverso la International Telephone and Telegraph Company?

A. Sì.

Q. Il Colonnello Behen [sic] approvava questo investimento della Lorenz Company in Focke-Wolfe?

A. Sono certo che il colonnello Behn abbia approvato prima che i suoi rappresentanti, che erano in stretto contatto con lui, approvassero formalmente la transazione.

Q. In che anno la Lorenz Company ha effettuato l'investimento che le ha permesso di ottenere il 25% di partecipazione in Foeke-Wolfe?

A. Ricordo che era poco prima dello scoppio della guerra, cioè poco prima dell'invasione della Polonia. [NdR: 1939]

D Westrick è a conoscenza dei dettagli delle partecipazioni della Lorenz Company in Foeke-Wolfe, A.G. di Brema?

A. Sì, è così. Meglio di quanto farei io.

Q. Qual è stata l'entità dell'investimento che la Lorenz Company ha fatto nella Focke-Wolfe A.G. di Brema, che le ha dato la partecipazione iniziale del 25%?

A. 250.000 migliaia di RM all'inizio, poi aumentati in modo sostanziale, ma non ricordo l'entità degli investimenti aggiuntivi che la Lorenz Company fece a questa Focke-Wolfe A.G. di Brema.

Q. Dal 1055, fino allo scoppio della guerra europea, il colonnello Behn era in grado di trasferire i profitti degli investimenti delle sue società in Germania alle sue società negli Stati Uniti?

A. Sì. Anche se sarebbe stato necessario che le sue società prendessero un po' meno dei dividendi completi a causa della difficoltà di ottenere il cambio, la maggior parte dei profitti avrebbe potuto essere trasferita alla società del colonnello Behn negli Stati Uniti. Tuttavia, il colonnello Behn non decise di farlo e non mi chiese mai se potevo farlo per lui. Sembrava invece perfettamente soddisfatto di avere tutti i profitti delle società in Germania, che lui e i suoi interessi controllavano, reinvestendoli in nuovi edifici e macchinari e in qualsiasi altra impresa impegnata nella produzione di armamenti.

Un'altra di queste imprese, la Huth and Company, G.m.b.H., di Berlino, produceva componenti per radio e radar, molti dei quali venivano utilizzati nelle attrezzature destinate alle forze armate tedesche. La Lorenz Company, se non ricordo male, aveva una partecipazione del 50% nella Huth and Company. La Lorenz Company aveva anche una piccola filiale che fungeva da agenzia di vendita per la Lorenz Company a clienti privati.

Q. Lei è stato membro del consiglio di amministrazione della Lorenz Company, dal 1935 circa fino ad oggi. Durante questo periodo, la Lorenz Company e alcune altre società, come la Foeke-Wolfe con cui aveva grandi partecipazioni, erano impegnate nella produzione di attrezzature per gli armamenti e la produzione bellica. Era a conoscenza o ha sentito parlare di proteste da parte del colonnello Behn o dei suoi rappresentanti contro queste aziende impegnate in queste attività di preparazione della Germania alla guerra?

A. No.

Q. È sicuro che non c'è stata nessun'altra occasione in cui le sia stato chiesto da Westrick, Mann [sic], dal colonnello Behn o da qualsiasi altra persona collegata agli interessi della Compagnia Telefonica e Telegrafica Internazionale in Germania, di intervenire per conto della compagnia presso le autorità tedesche?

A. Si. Non ricordo alcuna richiesta di un mio intervento in questioni importanti per la Lorenz Company o per altri interessi della International Telephone and Telegraph in Germania.

Ho letto il verbale di questo interrogatorio e giuro che le risposte che ho dato alle domande dei signori Adams e Pajus sono vere per quanto ne so e ne sono convinto. s/Kurt yon Schröder

È questa storia di cooperazione tra l'I.T.T. e i nazisti durante la Seconda Guerra Mondiale e di associazione dell'I.T.T. con il nazista Kurt von Schröder che l'I.T.T. *voleva* nascondere - e quasi ci riuscì. James Stewart Martin racconta che durante le riunioni di pianificazione della Divisione Finanza della Commissione di Controllo fu incaricato di lavorare con il capitano Norbert A. Bogdan, che fuori dall'uniforme era vicepresidente della J. Henry Schroder Banking Corporation di New York. Martin racconta che "il capitano Bogdan si era opposto con forza a un'indagine sulla Stein Bank, sostenendo che si trattava di "patate di poco conto"".[95] Poco dopo aver bloccato questa manovra, due membri permanenti dello staff di Bogdan chiesero il permesso di indagare sulla Stein Bank, sebbene Colonia non fosse ancora caduta in mano alle forze americane. Martin ricorda che "la Divisione Intelligence bloccò questa richiesta", e così alcune informazioni sull'operazione Stein-Schröder Bank-I.T.T. sopravvissero.

---

[95] James Stewart Martin, op. cit., p. 52.

Capitolo 6

Henry Ford e i nazisti

Vorrei sottolineare l'importanza attribuita dagli alti funzionari [nazisti] al rispetto del desiderio e al mantenimento della buona volontà di "Ford", e per "Ford" intendo suo padre, lei e la Ford Motor Company di Dearborn.

(Josiah E. Dubois, Jr, Generals in Grey Suits, Londra: The Bodley Head, 1953, p. 250).

Henry Ford è spesso considerato una sorta di enigma tra l'élite di Wall Street. Per molti anni, negli anni '20 e '30, Ford era conosciuto come un nemico dell'establishment finanziario. Ford accusò Morgan e altri di usare la guerra e la rivoluzione come strada per il profitto e la loro influenza nei sistemi sociali come mezzo di avanzamento personale. Nel 1938 Henry Ford, nelle sue dichiarazioni pubbliche, aveva diviso i finanzieri in due classi: quelli che traevano profitto dalla guerra e usavano la loro influenza per provocarla a scopo di lucro, e i finanzieri "costruttivi". Tra questi ultimi includeva ora la Casa Morgan. Durante un'intervista al *New York Times* del 1938,[96] Ford affermò che:

Qualcuno ha detto che sessanta famiglie hanno diretto i destini della nazione. Si potrebbe dire che se qualcuno puntasse i riflettori su venticinque persone che gestiscono le finanze della nazione, i veri guerrieri del mondo verrebbero messi in evidenza.

---

[96] 4 giugno 1938, 2:2.

Il giornalista *del Times* ha chiesto a Ford in che modo avesse equiparato questa valutazione a le sue critiche di lunga data alla Casa di Morgan, e Ford ha risposto:

> *Esiste una Wall Street costruttiva e una distruttiva. La Casa di Morgan rappresenta quella costruttiva. Conosco il signor Morgan da molti anni. Ha appoggiato e sostenuto Thomas Edison, che era anche un mio buon amico...*

Dopo aver esposto i mali della limitata produzione agricola - presumibilmente causata da Wall Street - Ford continuò,

> *... se questi finanzieri avessero fatto di testa loro, ora saremmo in guerra. Vogliono la guerra perché fanno soldi con questi conflitti, con la miseria umana che le guerre portano.*

D'altra parte, quando si cerca di capire cosa c'è dietro queste dichiarazioni pubbliche, si scopre che Henry Ford e il figlio Edsel Ford sono stati in prima linea tra gli uomini d'affari americani che cercano di camminare su entrambi i lati di ogni recinto ideologico alla ricerca del profitto. Secondo gli stessi criteri di Ford, i Ford sono tra gli elementi "distruttivi".

Fu Henry Ford che negli anni '30 costruì il primo stabilimento automobilistico moderno dell'Unione Sovietica (situato a Gorki) e che negli anni '50 e '60 produsse i camion utilizzati dai nordvietnamiti per trasportare armi e munizioni da usare contro gli americani.[97] All'incirca nello stesso periodo, Henry Ford fu anche il più famoso dei sostenitori stranieri di Hitler, e per questo sostegno duraturo fu premiato negli anni '30 con la più alta decorazione nazista per stranieri.

---

[97] Un elenco di questi veicoli Gorki e dei loro numeri di modello si trova in Antony G. Sutton, *National Suicide: Military Aid to the Soviet Union,* (New York: Arlington House Publishers, 1973), Tabella 7-2, pag. 125.

Questo favore nazista suscitò una tempesta di polemiche negli Stati Uniti e alla fine degenerò in uno scambio di note diplomatiche tra il governo tedesco e il Dipartimento di Stato. Sebbene Ford abbia pubblicamente protestato di non amare i governi totalitari, si scopre in pratica che Ford ha consapevolmente tratto profitto da entrambe le parti della Seconda Guerra Mondiale: dagli stabilimenti francesi e tedeschi che producevano veicoli con profitto per la Wehrmacht e dagli stabilimenti statunitensi che costruivano veicoli con profitto per l'esercito americano.

Le proteste di innocenza di Henry Ford suggeriscono, come vedremo in questo capitolo, che egli non approvava che i finanzieri ebrei traessero profitto dalla guerra (come alcuni hanno fatto), ma se l'antisemita Morgan[98] e Ford traevano profitto dalla guerra ciò era accettabile, morale e "costruttivo".

Henry Ford: il primo finanziatore straniero di Hitler

Il 20 dicembre 1922 il *New York Times* riportò su[99] che il produttore di automobili Henry Ford finanziava i movimenti nazionalisti e antisemiti di Adolph Hitler a Monaco.

Contemporaneamente, il giornale berlinese *Berliner Tageblatt* si appellava all'ambasciatore americano a Berlino affinché indagasse e fermasse l'intervento di Henry Ford negli affari interni tedeschi. Si leggeva che i finanziatori stranieri di Hitler avevano arredato uno "spazioso quartier generale" con una "schiera di luogotenenti e funzionari altamente pagati". Il ritratto di Henry Ford era ben visibile sulle pareti dell'ufficio personale di Hitler:

> *Nell'ufficio privato di Hitler, la parete dietro la scrivania è decorata con una grande foto di Henry Ford. Nell'anticamera c'è un grande tavolo coperto di libri, quasi tutti traduzione di un libro scritto e pubblicato da*

---

[98] La Casa Morgan era nota per le sue posizioni antisemite.

[99] Pagina 2, colonna 8.

Henry Ford.[100]

Lo stesso *New York Times* ha commentato che la precedente domenica Hitler aveva recensito,

> *Il cosiddetto Battaglione d'assalto, 1.000 giovani in uniformi nuove di zecca e armati di revolver e sfollagente, mentre Hitler e i suoi scagnozzi giravano con due potenti auto nuove di zecca.*

Il Times fece una chiara distinzione tra i partiti monarchici tedeschi e il partito fascista antisemita di Hitler. Henry Ford, si legge, ignorò i monarchici Hohenzollern e investì i suoi soldi nel movimento rivoluzionario hitleriano. Questi fondi Ford furono utilizzati da Hitler per fomentare la ribellione bavarese. La ribellione fallì e Hitler fu catturato e successivamente processato. Nel febbraio 1923, durante il processo, il vicepresidente della Dieta bavarese Auer testimoniò:

> *La Dieta bavarese è da tempo a conoscenza del fatto che il movimento hitleriano è stato in parte finanziato da un capo antisemita americano, che è Henry Ford. L'interesse di Ford per il movimento antisemita bavarese è iniziato un anno fa, quando uno degli agenti di Ford, cercando di vendere trattori, è entrato in contatto con Diedrich Eichart, il noto pantedesco. Poco dopo, Herr Eichart chiese all'agente del signor Ford un aiuto finanziario. L'agente tornò in America e immediatamente il denaro del signor Ford iniziò ad arrivare a Monaco.*
>
> *Herr Hitler si vanta apertamente del sostegno di Ford e lo elogia come un grande individualista e un grande antisemita. Una fotografia del signor Ford è appesa nell'alloggio di Herr Hitler, che è il centro del*

---

[100] Ibidem.

movimento monarchico.[101]

Per le sue attività rivoluzionarie in Baviera, Hitler ricevette una pena detentiva mite e confortevole. Il riposo da attività più attive gli permise di scrivere *il Mein Kampf.* Il libro di Henry Ford, *L'ebreo internazionale,* diffuso in precedenza dai nazisti, fu tradotto da questi ultimi in una dozzina di lingue e Hitler ne utilizzò alla lettera alcune sezioni per scrivere *il Mein Kampf.*[102]

Vedremo più avanti che il sostegno di Hitler alla fine degli anni '20 e all'inizio degli anni '30 proveniva dai cartelli dell'industria chimica, siderurgica ed elettrica, piuttosto che direttamente da singoli industriali. Nel 1928 Henry Ford fuse i suoi beni tedeschi con quelli del cartello chimico I.G. Farben. Una partecipazione sostanziale, il 40% della Ford Motor A.G. in Germania, fu trasferita alla I.G. Farben; Carl Bosch della I.G. Farben divenne capo della Ford A.G. Motor in Germania.

Contemporaneamente, negli Stati Uniti Edsel Ford entrò a far parte del consiglio di amministrazione dell'americana I.G. Farben. (Si veda il capitolo 2).

Henry Ford riceve una medaglia nazista

Un decennio più tardi, nell'agosto del 1938, dopo che Hitler aveva raggiunto il potere con l'aiuto dei cartelli, Henry Ford ricevette la Gran Croce dell'Aquila Tedesca, una decorazione nazista per stranieri illustri. Secondo il *New York Times*, si trattava della prima volta che la Gran Croce veniva assegnata negli Stati Uniti e serviva

---

[101] Jonathan Leonard, *The Tragedy of Henry Ford,* (New York: G.P. Putnam's Sons, 1932), p. 208. Vedi anche U.S. State Department Decimal File, National Archives Microcopy M 336, Roll 80, Document 862.00S/6, "Money sources of Hitler", un rapporto dell'ambasciata americana a Berlino.

[102] A questo proposito si veda Keith Sward, *The Legend of Henry Ford,* (New York: Rinehart & Co, 1948), pag. 139.

a celebrare il 75° compleanno di Henry Ford.[103]

La decorazione sollevò una tempesta di critiche all'interno dei circoli sionisti statunitensi. Ford fece marcia indietro fino a incontrare pubblicamente il rabbino Leo Franklin di Detroit per esprimere la sua solidarietà per la condizione degli ebrei tedeschi:

> *L'accettazione di una medaglia da parte del popolo tedesco [ha detto Ford] non implica, come alcuni sembrano pensare, una mia simpatia per il nazismo. Chi mi conosce da molti anni sa che tutto ciò che genera odio mi ripugna.*[104]

La questione delle medaglie naziste fu ripresa in un discorso a Cleveland dal Segretario agli Interni Harold Ickes. Ickes criticò sia Henry Ford che il colonnello Charles A. Lindbergh per aver accettato medaglie naziste. La parte curiosa del discorso di Ickes, pronunciato in occasione di un banchetto della Società Sionista di Cleveland, è la sua critica agli "ebrei ricchi" e alla *loro* acquisizione e uso della ricchezza:

> *Un errore commesso da un milionario non ebreo si riflette solo su di lui, ma un passo falso commesso da un uomo ricco ebreo si riflette su tutta la sua razza. Questo è duro e ingiusto, ma è un fatto che va affrontato.*[105]

Forse Ickes si riferiva tangenzialmente al ruolo dei Warburg nel cartello I.G. Farben: I Warburg facevano parte del consiglio di amministrazione della I.G. Farben negli Stati Uniti e in Germania. Nel 1938 i Warburg furono espulsi dai nazisti dalla Germania. Altri ebrei tedeschi, come i banchieri Oppenheim, si riappacificarono con i nazisti e ottennero lo "status ariano onorario".

---

[103] *New York Times*, 1 agosto 1938.

[104] Ibidem, 1 dicembre 1938, 12:2.

[105] Ibidem, 19 dicembre 1938, 5:3.

Ford Motor Company aiuta lo sforzo bellico tedesco

Una sottocommissione del Congresso del dopoguerra che indagò sul sostegno americano allo sforzo militare nazista descrisse il modo in cui i nazisti riuscirono a ottenere l'assistenza tecnica e finanziaria degli Stati Uniti come "abbastanza fantastico".[106] Tra le altre prove, al Comitato è stato mostrato un memorandum preparato negli uffici della Ford-Werke A.G. il 25 novembre 1941, scritto dal dottor H. F. Albert a R. H. Schmidt, allora presidente del consiglio di amministrazione della Ford-Werke A.G. Il memorandum citava i vantaggi di avere la maggioranza dell'azienda tedesca detenuta dalla Ford Motor Company di Detroit. La Ford tedesca era stata in grado di scambiare componenti Ford con gomma e materiali bellici critici necessari nel 1938 e nel 1939 "e non avrebbe potuto farlo se la Ford non fosse stata di proprietà degli Stati Uniti". Inoltre, con una partecipazione americana maggioritaria, la Ford tedesca sarebbe stata "più facilmente in grado di intervenire e dominare le partecipazioni Ford in Europa". Il Comitato ha persino riferito che due alti funzionari tedeschi della Ford hanno avuto un'aspra faida personale su chi dovesse controllare la Ford d'Inghilterra, tanto che "alla fine uno di loro si è alzato e ha lasciato la stanza disgustato".

Secondo le prove presentate al Comitato, alla fine degli anni Trenta la Ford-Werke A.G. fu tecnicamente trasformata in un'azienda tedesca. Tutti i veicoli e le loro parti erano prodotti in Germania, da operai tedeschi che utilizzavano materiali tedeschi sotto la direzione tedesca ed esportati in Europa e nei territori d'oltremare degli Stati Uniti e della Gran Bretagna.

Tutte le materie prime straniere necessarie, gomma e metalli non ferrosi, venivano ottenute attraverso la Ford Company americana. L'influenza americana era stata più o meno trasformata in una posizione di supporto *(Hilfsstellung)* per gli stabilimenti Ford tedeschi.

---

[106] *Eliminazione delle risorse tedesche*, pag. 656.

Allo scoppio della guerra, la Ford-Werke si mise a disposizione della Wehrmacht per la produzione di armamenti. I nazisti ritenevano che, finché la Ford-Werke A.G. avesse avuto una maggioranza americana, sarebbe stato possibile portare le restanti aziende europee della Ford sotto l'influenza tedesca - cioè quella della Ford-Werke A.G. - e quindi attuare le politiche naziste della "Grande Europa" negli stabilimenti Ford di Amsterdam, Anversa, Parigi, Budapest, Bucarest e Copenhagen:

> *Una maggioranza, anche se esigua, di americani è essenziale per la trasmissione dei modelli americani più recenti, nonché per i metodi di produzione e di vendita americani. Con l'abolizione della maggioranza americana, questo vantaggio, così come l'intervento della Ford Motor Company per ottenere materie prime ed esportazioni, andrebbero persi e lo stabilimento tedesco varrebbe praticamente solo per la sua capacità produttiva.[107]*

E, naturalmente, questo tipo di rigorosa neutralità, adottando un punto di vista internazionale piuttosto che nazionale, aveva già dato i suoi frutti alla Ford Motor Company in Unione Sovietica, dove la Ford era tenuta in grande considerazione come il massimo dell'efficienza tecnica ed economica che gli stakanovisti dovevano raggiungere.

Nel luglio del 1942 giunse a Washington la notizia delle attività di Ford in Francia per conto dello sforzo bellico tedesco in Europa. Le informazioni incriminate furono prontamente insabbiate e ancora oggi a Washington è possibile rintracciare solo una parte della documentazione conosciuta.

Sappiamo, tuttavia, che il Console Generale degli Stati Uniti in Algeria era in possesso di una lettera di Maurice Dollfuss della French Ford - che sosteneva di essere il primo francese a recarsi a Berlino dopo la caduta della Francia - indirizzata a Edsel Ford e

---

[107] *Eliminazione delle risorse tedesche*, pp. 657-8.

riguardante un piano con cui la Ford Motor avrebbe potuto contribuire allo sforzo bellico nazista. La Ford francese era in grado di produrre 20 camion al giorno per la Wehrmacht, il che [scrive Dollfuss] è meglio di,

> *... i nostri meno fortunati concorrenti francesi. Il motivo è che i nostri autocarri sono molto richiesti dalle autorità tedesche e credo che, finché la guerra continuerà e almeno per un certo periodo di tempo, tutto ciò che produrremo sarà preso dalle autorità tedesche..... Mi accontenterò di dirle che... l'atteggiamento che lei ha assunto, insieme a suo padre, di stretta neutralità, è stato un bene inestimabile per la produzione delle sue aziende in Europa.*[108]

Dollfuss rivelò che i profitti di questa attività tedesca erano già di 1,6 milioni di franchi e che i profitti netti per il 1941 non erano inferiori a 58.000.000 di franchi - perché i tedeschi pagavano prontamente la produzione Ford. Quando ricevette questa notizia, Edsel Ford inviò una lettera:

> *Sono felice di sapere che stai facendo progressi. Le sue lettere sono molto interessanti. Mi rendo perfettamente conto del grande handicap in cui state lavorando. Spero che tu e la tua famiglia stiate bene.*
>
> *Saluti.*
>
> *s/ Edsel Ford*[109]

Sebbene sia provato che gli stabilimenti europei di proprietà degli interessi di Wall Street non furono bombardati dall'aviazione statunitense durante la Seconda Guerra Mondiale, questa restrizione apparentemente non raggiunse il British Bombing Command. Nel

---

[108] Josiah E. Dubois, Jr., *Generals in Grey Suits*, (Londra: The Bodley Head, 1958), pag. 248.

[109] Ibidem, p. 249.

marzo 1942 la Royal Air Force bombardò lo stabilimento Ford di Poissy, in Francia. In una successiva lettera di Edsel Ford al Direttore Generale della Ford Sorenson, a proposito di questo raid della RAF, si legge: *"I* giornali americani pubblicarono *fotografie* dello stabilimento in fiamme, ma fortunatamente non fecero alcun riferimento alla Ford Motor Company.[110] In ogni caso, il governo di Vichy pagò alla Ford Motor Company 38 milioni di franchi come risarcimento per i danni subiti dallo stabilimento di Poissy. Questo non fu riportato dalla stampa statunitense e difficilmente sarebbe stato apprezzato dagli americani in guerra contro il nazismo. Dubois afferma che questi messaggi *privati* di Ford in Europa furono trasmessi a Edsel Ford dall'Assistente Segretario di Stato Breckenridge Long. Si tratta dello stesso Segretario Long che un anno dopo soppresse i messaggi *privati* attraverso il Dipartimento di Stato riguardanti lo sterminio degli ebrei in Europa. 16 La divulgazione di quei messaggi avrebbe potuto essere utilizzata per aiutare quelle persone disperate.

Un rapporto di intelligence sui bombardamenti dell'aeronautica statunitense, redatto nel 1943, ha osservato che,

> *Le principali attività belliche [dello stabilimento Ford] sono probabilmente la produzione di autocarri leggeri e di pezzi di ricambio per tutti gli autocarri e le auto Ford in servizio nell'Europa dell'Asse (comprese le Molotov russe catturate).[111]*

Le Molotov russe erano ovviamente prodotte dallo stabilimento Ford di Gorki, in Russia. In Francia, durante la guerra, la produzione di autovetture fu interamente sostituita da veicoli militari e a questo scopo furono aggiunti tre grandi edifici alla fabbrica di Poissy. L'edificio principale conteneva circa 500 macchine utensili, "tutte importate dagli Stati Uniti e comprendenti una discreta quantità dei tipi più complessi, come le dentatrici Gleason, le automatiche

---

[110] Ibidem, p. 251.

[111] Ibid.

Bullard e le alesatrici Ingersoll".[112]

Ford estese le sue attività belliche anche al Nord Africa. Nel dicembre 1941 una nuova società Ford, la Ford-Afrique, fu registrata in Francia e le furono concessi tutti i diritti della precedente Ford Motor Company, Ltd. dell'Inghilterra in Algeria, Tunisia, Marocco francese, Africa equatoriale francese e Africa occidentale francese. Il Nord Africa non era accessibile alla Ford britannica, quindi questa nuova Ford Company - registrata nella Francia occupata dai tedeschi - fu organizzata per colmare il vuoto. I direttori erano filo-nazisti e comprendevano Maurice Dollfuss (corrispondente di Edsel Ford) e Roger Messis (descritto dal console generale americano di Algeri come "noto a questo ufficio per la sua reputazione di essere senza scrupoli, è dichiarato essere al 100% filo-tedesco").[113] Il Console Generale degli Stati Uniti ha anche riferito che la propaganda era comune ad Algeri riguardo a

> *... la collaborazione del capitale franco-tedesco-americano e la discutibile sincerità dello sforzo bellico americano, [c'è] già un dito accusatore contro una transazione che è stata a lungo oggetto di discussione negli ambienti commerciali.*[114]

In breve, esistono prove documentali che la Ford Motor Company ha lavorato su entrambi i fronti della Seconda Guerra Mondiale. Se gli industriali nazisti processati a Norimberga erano colpevoli di crimini contro l'umanità, allora dovevano esserlo anche i loro collaboratori della famiglia Ford, Henry ed Edsel Ford. Tuttavia, la storia dei Ford è stata nascosta da Washington, apparentemente come quasi tutto ciò che poteva toccare il nome e il sostentamento dell'élite finanziaria di Wall Street.

---

[112] U.S. Army Air Force, *Rapporto sui punti di mira n. I.E.2*, 29 maggio 1943.

[113] Fascicolo decimale del Dipartimento di Stato degli Stati Uniti, 800/610.1.

[114] Ibidem.

Capitolo 7

Chi ha finanziato Adolf Hitler?

Il finanziamento di Hitler e del movimento nazista non è ancora stato esplorato in modo esaustivo. L'unico esame pubblicato delle finanze personali di Hitler è un articolo di Oron James Hale, "Adolph Hitler: Adolph Hitler: Taxpayer,[115] che documenta i contatti di Adolph con le autorità fiscali tedesche prima che diventasse *Reichskanzler*. Negli anni Venti Hitler si presentò al fisco tedesco come un semplice scrittore impoverito che viveva di prestiti bancari, con un'automobile acquistata a credito. Purtroppo, i registri originali utilizzati da Hale non riportano la fonte del reddito, dei prestiti o del credito di Hitler, e la legge tedesca "non richiedeva ai lavoratori autonomi o ai professionisti di rivelare in dettaglio le fonti di reddito o la natura dei servizi resi".[116] Ovviamente i fondi per le automobili, il segretario privato Rudolf Hess, un altro assistente, un autista e le spese sostenute per l'attività politica provenivano da qualche parte.

Ma, come per il soggiorno di Leon Trotsky a New York nel 1917, è difficile conciliare le spese note di Hitler con la fonte precisa delle sue entrate.

Alcuni primi sostenitori di Hitler

Sappiamo che all'epoca importanti industriali europei e americani sponsorizzavano ogni sorta di gruppo politico totalitario, compresi comunisti e vari gruppi nazisti. Il comitato statunitense Kilgore

---

[115] *The American Historical Review*, Volume LC, NO. 4, luglio. 1955. p, 830.

[116] Ibidem, fn. (2).

registra che:

> *Nel 1919 Krupp forniva già aiuti finanziari a uno dei gruppi politici reazionari che hanno gettato il seme dell'attuale ideologia nazista. Hugo Stinnes fu uno dei primi finanziatori del Partito nazista (National Socialistische Deutsche Arbeiter Partei). Nel 1924 altri importanti industriali e finanzieri, tra cui Fritz Thyssen, Albert Voegler, Adolph [sic] Kirdorf e Kurt von Schroder, donavano segretamente somme consistenti ai nazisti. Nel 1931 i membri dell'associazione dei proprietari di carbone di cui Kirdorf era a capo si impegnarono a pagare 50 pfennig per ogni tonnellata di carbone venduta, denaro che sarebbe andato all'organizzazione che Hitler stava costruendo.[117]*

Il processo di Monaco del 1924 ha dimostrato che il Partito Nazista ha ricevuto 20.000 dollari da industriali di Norimberga. Il nome più interessante di questo periodo è quello di Emil Kirdorf, che in precedenza aveva fatto da tramite per finanziare il coinvolgimento tedesco nella rivoluzione bolscevica.[118] Il ruolo di Kirdorf nel finanziamento di Hitler fu, secondo le sue stesse parole:

> *Nel 1923 entrai per la prima volta in contatto con il movimento nazionalsocialista..... Ascoltai per la prima volta il Fuehrer nella sala delle esposizioni di Essen. La sua chiara esposizione mi convinse completamente e mi travolse. Nel 1927 incontrai per la prima volta il Fuehrer personalmente. Mi recai a Monaco e lì ebbi un colloquio con il Fuehrer nella casa di Bruckmann. Per quattro ore e mezza Adolf Hitler mi spiegò il suo programma in dettaglio. Pregai quindi il Fuehrer di mettere insieme la*

---

[117] *Eliminazione delle risorse tedesche*, p. 648. L'Albert Voegler citato nell'elenco del Comitato Kilgore dei primi sostenitori di Hitler era il rappresentante tedesco nella Commissione del Piano Dawes. Owen Young della General Electric (si veda il Capitolo 3) fu un rappresentante statunitense del Piano Dawes e formulò il suo successore, il Piano Young.

[118] Antony C. Sutton, *Wall Street e la rivoluzione bolscevica*, op. cit.

conferenza che mi aveva tenuto sotto forma di opuscolo. Distribuii poi questo opuscolo a mio nome negli ambienti economici e produttivi.

Poco dopo la nostra conversazione a Monaco, e come risultato dell'opuscolo che il Fuehrer ha composto e che io ho distribuito, si sono svolti diversi incontri tra il Fuehrer e le principali personalità del settore industriale. Per l'ultima volta prima della presa del potere, i leader dell'industria si riunirono a casa mia insieme ad Adolf Hitler, Rudolf Hess, Hermann Goering e altre personalità di spicco del partito.[119]

Nel 1925 la famiglia Hugo Stinnes contribuì con fondi per convertire il settimanale nazista *Volkischer Beobachter* in una pubblicazione quotidiana. Putzi Hanfstaengl, amico e protetto di Franklin D. Roosevelt, fornì i fondi rimanenti. La Tabella 7-1 riassume i contributi finanziari attualmente noti e le associazioni imprenditoriali dei contributori statunitensi. Putzi non è elencato nella Tabella 7-1 in quanto non era né industriale né finanziere.

All'inizio degli anni Trenta l'assistenza finanziaria a Hitler cominciò a fluire più facilmente. In Germania si svolsero una serie di incontri, documentati in modo inconfutabile da diverse fonti, tra industriali tedeschi, Hitler stesso e, più spesso, i rappresentanti di Hitler Hjalmar Schacht e Rudolf Hess. Il punto critico è che gli industriali tedeschi che finanziavano Hitler erano prevalentemente direttori di cartelli con associazioni, proprietà, partecipazioni o qualche forma di collegamento sussidiario con gli Stati Uniti. I finanziatori di Hitler non erano, in linea di massima, imprese di origine puramente tedesca o rappresentative dell'economia familiare tedesca. Ad eccezione di Thyssen e Kirdoff, nella maggior parte dei casi si trattava di imprese multinazionali tedesche - *cioè* I.G. Farben, A.E.G., DAPAG, *ecc.* Queste multinazionali erano state costruite grazie a prestiti americani negli anni Venti e all'inizio degli anni Trenta avevano direttori americani e una forte

---

[119] *Preussiche Zettung*, 3 gennaio 1937.

partecipazione finanziaria americana.

Un flusso di fondi politici esteri non considerato in questa sede è quello proveniente dalla Royal Dutch Shell, con sede in Europa, grande concorrente della Standard Oil negli anni '20 e '30, e gigantesca invenzione dell'uomo d'affari anglo-olandese Sir Henri Deterding. È stato ampiamente affermato che Henri Deterding ha finanziato personalmente Hitler. Questa tesi è sostenuta, ad esempio, dal biografo Glyn Roberts in *The Most Powerful Man in the World*. Roberts osserva che Deterding era rimasto colpito da Hitler già nel 1921:

> *... e la stampa olandese riportò che, tramite l'agente Georg Bell, egli [Deterding] aveva messo a disposizione di Hitler, mentre il partito era "ancora in abito lungo", non meno di quattro milioni di fiorini.*[120]

È stato riferito (da Roberts) che nel 1931 Georg Bell, agente di Deterding, partecipò alle riunioni dei patrioti ucraini a Parigi "come delegato congiunto di Hitler e Deterding".[121] Roberts riferisce anche che:

> *Deterding fu accusato, come testimonia Edgar Ansell Mowrer nel suo Germany Puts the Clock Back, di aver messo a disposizione dei nazisti un'ingente somma di denaro con l'intesa che il successo gli avrebbe garantito una posizione più favorevole nel mercato petrolifero tedesco. In altre occasioni, sono state menzionate cifre fino a 55.000.000 di sterline.*[122]

Il biografo Roberts trovava davvero sgradevole il forte antibolscevismo di Deterding e, piuttosto che presentare prove

---

[120] Glyn Roberts, *L'uomo più potente del mondo*, (New York: Covicl, Friede, 1938), pag. 305.

[121] Ibidem, p. 313.

[122] Ibidem, p. 322.

concrete di finanziamento, è propenso a supporre, piuttosto che a dimostrare, che Deterding fosse favorevole a Hitler. Ma il filo-hitlerismo non è una conseguenza necessaria dell'antibolscevismo; in ogni caso Roberts non offre alcuna prova di finanziamento, e l'autore non ha trovato prove concrete del coinvolgimento di Deterding.

Il libro di Mowrer non contiene né indice né note a piè di pagina sulla fonte delle sue informazioni e Roberts non ha prove specifiche per le sue accuse. Esistono prove circostanziali del fatto che Deterding fosse filonazista. In seguito andò a vivere nella Germania di Hitler e aumentò la sua quota del mercato petrolifero tedesco. Quindi potrebbero esserci stati dei contributi, ma non sono stati provati.

Allo stesso modo, in Francia (l'11 gennaio 1932), Paul Faure, membro della *Chambre des Députés*, accusò l'azienda industriale francese Schneider-Creuzot di finanziare Hitler - e incidentalmente coinvolse Wall Street in altri canali di finanziamento.[123]

Il gruppo Schneider è una famosa azienda francese produttrice di armamenti. Dopo aver ricordato l'influenza degli Schneider nell'instaurazione del fascismo in Ungheria e le sue vaste operazioni internazionali nel settore degli armamenti, Paul Fauré si rivolge a Hitler e cita dal giornale francese *Le Journal* "che Hitler aveva ricevuto 300.000 franchi oro svizzeri" da sottoscrizioni aperte in Olanda sotto il caso di un professore universitario di nome von Bissing. Lo stabilimento Skoda di Pilsen, afferma Paul Fauré, era controllato dalla famiglia francese Schneider, e furono i direttori Skoda von Duschnitz e von Arthaber a fare le sottoscrizioni a Hitler. Fauré ha concluso:

> *... Mi disturba vedere i dirigenti della Skoda, controllata*
> *da Schneider, sovvenzionare la campagna elettorale di*
> *M. Hitler; mi disturba vedere le vostre imprese, i vostri*

---

[123] Cfr. *Chambre des Deputes - Debats*, 11 febbraio 1932, pp. 496-500.

> *finanziatori, i vostri cartelli industriali unirsi al più*
> *nazionalista dei tedeschi...*

Anche in questo caso, non sono state trovate prove concrete di questo presunto flusso di fondi hitleriani.

Fritz Thyssen e W.A. Harriman Company di New York

Un altro caso sfuggente di finanziamento di Hitler è quello di Fritz Thyssen, il magnate tedesco dell'acciaio che si associò al movimento nazista all'inizio degli anni Venti. Interrogato nel 1945 nell'ambito del Progetto Dustbin,[124] Thyssen ha ricordato di essere stato avvicinato nel 1923 dal generale Ludendorf al momento dell'evacuazione francese della Ruhr. Poco dopo questo incontro Thyssen fu presentato a Hitler e fornì fondi ai nazisti attraverso il generale Ludendorf. Nel 1930-1931 Emil Kirdorf si avvicinò a Thyssen e successivamente inviò Rudolf Hess a negoziare ulteriori finanziamenti per il partito nazista. Questa volta Thyssen organizzò un credito di 250.000 marchi presso la Bank Voor Handel en Scheepvaart N.V. al 18 Zuidblaak di Rotterdam, in Olanda, fondata nel 1918 con H.J. Kouwenhoven e D.C. Schutte come soci amministratori.[125] Questa banca era una filiale della August Thyssen Bank of Germany (ex von der Heydt's Bank A.G.). Era l'attività bancaria personale di Thyssen ed era affiliata agli interessi finanziari di W. A. Harriman a New York. Thyssen riferì ai suoi interrogatori del Progetto Dustbin che:

> *Ho scelto una banca olandese perché non volevo essere*
> *coinvolto in banche tedesche nella mia posizione, e*
> *perché pensavo che fosse meglio fare affari con una*
> *banca olandese, e pensavo che avrei avuto i nazisti un*

---

[124] Consiglio di controllo del gruppo statunitense (Germania0 Ufficio del direttore dell'intelligence, Agenzia di informazioni sul campo, tecnica). Rapporto di intelligence n. EF/ME/1, 4 settembre 1945. "Examination of Dr. Fritz Thyssen", pag. 13, di seguito citato come Examination of Dr. Fritz Thyssen.

[125] La Banca era nota in Germania come *Bank fur Handel und Schiff.*

po' più nelle mie mani.[126]

Il libro di Thyssen *I Paid Hitler*, pubblicato nel 1941, è stato ritenuto scritto da Fritz Thyssen stesso, sebbene Thyssen ne neghi la paternità. Il libro sostiene che i fondi per Hitler - circa un milione di marchi - provenivano principalmente da Thyssen stesso. *I Paid Hitler* contiene altre affermazioni non corroborate, ad esempio che Hitler discendeva in realtà da un figlio illegittimo della famiglia Rothschild. Si suppone che la nonna di Hitler, Frau Schickelgruber, fosse stata una serva della famiglia Rothschild e che durante la sua permanenza fosse rimasta incinta:

> *... un'inchiesta ordinata dal defunto cancelliere austriaco Engelbert Dollfuss ha dato risultati interessanti, grazie al fatto che i dossier del dipartimento di polizia del monarca austro-ungarico erano notevolmente completi.*[127]

Questa affermazione sull'illegittimità di Hitler è completamente smentita da un libro più solido di Eugene Davidson, che chiama in causa la famiglia Frankenberger e non la famiglia Rothschild.

In ogni caso, cosa più rilevante dal nostro punto di vista, la banca di facciata di August Thyssen in Olanda - *cioè* la Bank voor Handel en Scheepvaart N.V. - controllava la Union Banking Corporation di New York. Gli Harrimans avevano un interesse finanziario e E. Roland Harriman (fratello di Averell) era un direttore della Union Banking Corporation. La Union Banking Corporation di New York era un'operazione congiunta Thyssen-Harriman con i seguenti direttori nel 1932:[128]

---

[126] Esame del dottor Fritz Thyssen.

[127] Fritz Thyssen, *I Paid Hitler*, (New York: Farrar & Rinehart, Inc., 1941). p. 159.

[128] Tratto da *Bankers Directory*, edizione del 932, pag. 2557 e Poors, *Directory of Directors*. Anche J.L. Guinter e Knight Woolley erano direttori.

E. Roland HARRIMAN	Vicepresidente di W. A. Harriman & Co., New York
H.J. KOUWENHOVEN	Banchiere nazista, socio amministratore della August Thyssen Bank e della Bank voor Handel Scheepvaart N.V. (la banca di trasferimento dei fondi della Thyssen)
J. G. GROENINGEN	Vereinigte Stahlwerke (il cartello dell'acciaio che finanziò anche Hitler)
C. LIEVENTO	Presidente, Union Banking Corp., New York City
E. S. JAMES	Partner Brown Brothers, poi Brown Brothers, Harriman & Co.

Nel concludere questi affari russi nel 1929, Averell Harriman ricevette un profitto inaspettato di 1 milione di dollari dai sovietici, di solito molto ostinati, che hanno la reputazione di non concedere nulla senza una *contropartita* presente o futura. Parallelamente a queste mosse di successo nella finanza internazionale, Averell Harriman è sempre stato attratto dal cosiddetto servizio "pubblico". Nel 1913 il servizio "pubblico" di Harriman iniziò con la nomina a membro della Palisades Park Commission. Nel 1933 Harriman fu nominato presidente del Comitato per l'occupazione dello Stato di New York e nel 1934 divenne funzionario amministrativo dell'NRA di Roosevelt, l'idea mussoliniana di Gerard Swope della General Electric.[129] Seguirono una serie di incarichi "pubblici", prima il programma Lend Lease, poi l'ambasciatore in Unione Sovietica, quindi il segretario al Commercio.

Nel concludere questi affari russi nel 1929, Averell Harriman ricevette un profitto inaspettato di 1 milione di dollari dai sovietici, di solito molto ostinati, che hanno la reputazione di non concedere nulla senza una *contropartita* presente o futura. Parallelamente a queste mosse di successo nella finanza internazionale, Averell Harriman è sempre stato attratto dal cosiddetto servizio "pubblico". Nel 1913 il servizio "pubblico" di Harriman iniziò con la nomina a membro della Palisades Park Commission. Nel 1933 Harriman fu nominato presidente del Comitato per l'occupazione dello Stato di

---

[129] Cfr. Antony C. Sutton, *Wall Street e FDR*. Capitolo 9, "Il piano di Swope", *op. cit.*

New York e nel 1934 divenne funzionario amministrativo dell'NRA di Roosevelt, l'idea mussoliniana di Gerard Swope della General Electric.[130] Seguirono una serie di incarichi "pubblici", prima il programma Lend Lease, poi l'ambasciatore in Unione Sovietica, quindi il segretario al Commercio.

TABELLA 7-1: LEGAMI FINANZIARI TRA GLI INDUSTRIALI STATUNITENSI E ADOLF HITLER

Banchieri e industriali americani	Azienda affiliata negli Stati Uniti	Fonte tedesca		Intermediario per i fondi/agente
Henry FORD	AZIENDA AUTOMOBILISTICA FORD	-		-
E.R. HARRIMAN	UNION BANKING CORP	Fritz THYSSEN	250.000 RM	Bank voor Handel en Scheepvaart N.V. (Filiale di August Thyssen Bank)
	Flick (direttore di AEG)	Friedrich FLICK	150.000 RM	Direttamente al NSDAP
	NESSUNO	Emil KIRDORF	600.000 RM	Conto corrente
Edsel B. FORD C.E. MITCHELL	I.G. AMERICANO	I.G. FARBEN	400.000 RM	"Treuhand nazionale"
Walter TEAGLE Paul M. WARBURG	NESSUNO	Reichsverband der Automobilindustrie	100.000 RM	"Treuhand nazionale"
Gerard SWOPE Owen D. YOUNG C.H. MINOR	INTERNATIONAL GENERAL ELECTRIC	A.E.G.	60.000 RM	"Treuhand nazionale"
E. Arthur BALDWIN	NESSUNO	DEMAG	50.000 RM	
Owen D. YOUNG	INTERNATIONAL GENERAL ELECTRIC	OSRAM G.m.b.H.	40.000 RM	"Treuhand nazionale"

[130] Cfr. Antony C. Sutton, *Wall Street e FDR*. Capitolo 9, "Il piano di Swope", *op. cit.*

						Data
Febbraio-marzo 1933	Sostene BEHN	I.T.T.	Telefunken	35.000 RM	"Treuhand nazionale"	
Febbraio-marzo 1933		NESSUNO	Karl Herrman	300.000 RM	"Treuhand nazionale"	1923
Febbraio-marzo 1933		NESSUNO	A. Steinke (Direttore di BYBUAG)	200.000 RM	"Treuhand nazionale"	1931
Febbraio-marzo 1933		NESSUNO	Karl Lange (Industria	50.000 RM	"Treuhand nazionale"	1932
Febbraio-marzo		NESSUNO	F. Springorum	36.000 RM	"Treuhand	
Febbraio-marzo 1933	Edsel B. FORD	Ford Motor Co.	Carl BOSCH (I.G. Farben e Ford Motor A.G.)			Febbraio-marzo 1933
1932-1944	Walter TEAGLE J.A. MOFFETT W.S. FARISH	Standard Oil of N.J.	Emil HELFFRICH (German-American		Heinrich Himmler S.S. tramite il Circolo Keppler	Febbraio-marzo 1933
1932-1944	Sostene BEHN	I.T.T.	Kurt yon SCHRÖDER Mix & Genest Lorenz		Heinrich Himmler S.S. tramite il Circolo Keppler	Febbraio-marzo 1933
						Febbraio-marzo 1933
						Febbraio-marzo 1933

Al contrario, E. Roland Harriman limitò le sue attività agli affari privati nel campo della finanza internazionale senza avventurarsi, come fece il fratello Averell, nel servizio "pubblico". Nel 1922 Roland e Averell formarono la W. A. Harriman & Company. In seguito Roland divenne presidente del consiglio di amministrazione della Union Pacific Railroad e direttore della rivista *Newsweek*, della

Mutual Life Insurance Company di New York, membro del consiglio di amministrazione della Croce Rossa Americana e membro dell'American Museum of Natural History.

Il finanziere nazista Hendrik Jozef Kouwenhoven, collega di Roland Harriman alla Union Banking Corporation di New York, era amministratore delegato della Bank voor Handel en Scheepvaart N.V. (BHS) di Rotterdam. Nel 1940 la BHS deteneva circa 2,2 milioni di dollari di attività nella Union Banking Corporation, che a sua volta svolgeva la maggior parte dei suoi affari con la BHS.[131] Negli anni Trenta Kouwenhoven fu anche direttore della Vereinigte Stahlwerke A.G., il cartello dell'acciaio fondato con i fondi di Wall Street a metà degli anni Venti. Come il barone Schroder, era un importante sostenitore di Hitler.

Un altro direttore della New York Union Banking Corporation era Johann Groeninger, un soggetto tedesco con numerose affiliazioni industriali e finanziarie che coinvolgevano Vereinigte Stahlwerke, il gruppo August Thyssen e una direzione di August Thyssen Hutte A.G.[132]

Questa affiliazione e i reciproci interessi commerciali tra Harriman e gli interessi della Thyssen non suggeriscono che gli Harriman abbiano finanziato direttamente Hitler. D'altra parte, dimostra che gli Harrimans erano intimamente legati ai nazisti di spicco Kouwenhoven e Groeninger e a una banca di facciata nazista, la Bank voor Handel en Scheepvaart. Ci sono tutte le ragioni per credere che gli Harrimans fossero a conoscenza del sostegno di Thyssen ai nazisti. Nel caso degli Harrimans, è importante tenere presente la loro relazione intima e duratura con l'Unione Sovietica e la posizione degli Harriman al centro del New Deal di Roosevelt e del Partito Democratico. L'evidenza suggerisce che alcuni membri dell'élite di Wall Street sono collegati e hanno certamente influenza

---

[131] Cfr. *Eliminazione delle risorse tedesche*, pagg. 728-30.

[132] Per altri collegamenti tra la Union Banking Corp e le imprese tedesche, si veda Ibidem, pagg. 728-30.

su *tutti i* raggruppamenti politici significativi dello spettro socialista mondiale contemporaneo: il socialismo sovietico, il nazionalsocialismo hitleriano e il socialismo del New Deal di Roosevelt.

Finanziamento di Hitler alle elezioni generali del marzo 1933

Lasciando da parte i casi Georg Bell-Deterding e Thyssen-Harriman, esaminiamo ora il nucleo del sostegno di Hitler. Nel maggio 1932 ebbe luogo il cosiddetto "incontro di Kaiserhof" tra Schmitz della I.G. Farben, Max Ilgner della I.G. Farben americana, Kiep della Hamburg-America Line e Diem della German Potash Trust. In questa riunione furono raccolti più di 500.000 marchi e depositati a credito di Rudolf Hess presso la Deutsche Bank. È degno di nota, alla luce del "mito di Warburg" descritto nel capitolo dieci, che Max Ilgner dell'americana I.G. Farben contribuì con 100.000 RM, ovvero un quinto del totale. Il libro "Sidney Warburg" sostiene il coinvolgimento di Warburg nel finanziamento di Hitler, e Paul Warburg era un direttore della American I.G. Farben[133] mentre Max Warburg era un direttore della I.G. Farben.

Esistono prove documentali inconfutabili di un ulteriore ruolo di banchieri e industriali internazionali nel finanziamento del Partito Nazista e del *Volkspartie* per le elezioni tedesche del marzo 1933. Un totale di tre milioni di marchi tedeschi fu sottoscritto da importanti aziende e uomini d'affari, opportunamente "lavato" attraverso un conto presso la Delbruck Schickler Bank, e poi passato nelle mani di Rudolf Hess per essere utilizzato da Hitler e dal NSDAP. Questo trasferimento di fondi fu seguito dall'incendio del Reichstag, dall'abrogazione dei diritti costituzionali e dal consolidamento del potere nazista. L'accesso al Reichstag da parte dei piromani fu ottenuto attraverso un tunnel da una casa in cui risiedeva Putzi Hanfstaengel; lo stesso incendio del Reichstag fu usato da Hitler come pretesto per abolire i diritti costituzionali. In breve, nel giro di poche settimane dall'importante finanziamento di

---

[133] Si veda il capitolo 10.

Hitler si verificò una sequenza concatenata di eventi importanti: il contributo finanziario di importanti banchieri e industriali alle elezioni del 1933, l'incendio del Reichstag, l'abrogazione dei diritti costituzionali e la successiva presa del potere da parte del Partito Nazista.

L'incontro per la raccolta di fondi si tenne il 20 febbraio 1933 a casa di Goering, allora presidente del Reichstag, con Hjalmar Horace Greeley Schacht a fare da padrone di casa. Tra i presenti, secondo von Schnitzler della I.G. Farben, c'erano:

> *Krupp von Bohlen, che all'inizio del 1933 era presidente della Reichsverband der Deutschen Industrie Reich Association of German Industry; il Dr. Albert Voegler, uomo di punta della Vereinigte Stahlwerke; Von Loewenfeld; il Dr. Stein, capo della Gewerkschaft Auguste-Victoria, una miniera che appartiene alla IG.*[134]

Hitler espose le sue idee politiche agli uomini d'affari riuniti in un lungo discorso di due ore e mezza, usando la minaccia del comunismo e di una presa di potere comunista con grande effetto:

> *Non basta dire che non vogliamo il comunismo nella nostra economia. Se continuiamo a seguire il nostro vecchio corso politico, allora periremo.... Il compito più nobile del leader è quello di trovare ideali che siano più forti dei fattori che uniscono le persone. Già mentre ero in ospedale ho capito che bisognava cercare nuovi ideali che favorissero la ricostruzione. Li ho trovati nel nazionalismo, nel valore della personalità e nella negazione della riconciliazione tra le nazioni...*

> *Ora siamo di fronte all'ultima elezione. Indipendentemente dal risultato, non ci sarà alcun ritiro, anche se le prossime elezioni non porteranno a una decisione, in un senso o nell'altro. Se non saranno le*

---

[134] *NMT*, volume VII, pag. 555.

elezioni a decidere, la decisione dovrà essere presa con altri mezzi. Sono intervenuto per dare ancora una volta al popolo la possibilità di decidere da solo il proprio destino....

Ci sono solo due possibilità: o respingere l'avversario su basi costituzionali, e a questo scopo ancora una volta queste elezioni; oppure la lotta sarà condotta con altre armi, che potrebbero richiedere maggiori sacrifici. Spero che il popolo tedesco riconosca la grandezza dell'ora.[135]

Dopo l'intervento di Hitler, Krupp von Bohlen espresse il sostegno degli industriali e dei banchieri riuniti nella forma concreta di un fondo politico di tre milioni di marchi. Si rivelò più che sufficiente per acquisire il potere, perché 600.000 marchi rimasero non spesi dopo le elezioni.

Hjalmar Schacht organizzò questo storico incontro. Abbiamo già descritto i legami di Schacht con gli Stati Uniti: suo padre era cassiere della filiale berlinese della Equitable Assurance e Hjalmar era intimamente coinvolto quasi mensilmente con Wall Street.

Il maggior contributore al fondo fu I.G. Farben, che si impegnò per l'80% (o 500.000 marchi) del totale. Il direttore A. Steinke, della BUBIAG (Braunkohlen-u. Brikett-Industrie A.G.), una filiale della I.G. Farben, contribuì personalmente con altri 200.000 marchi. In breve, il 45% dei fondi per le elezioni del 1933 proveniva dalla I.G. Farben. Se analizziamo i direttori dell'American I.G. Farben - la filiale statunitense dell'I.G. Farben - ci avviciniamo alle radici del coinvolgimento di Wall Street con Hitler. Il consiglio di amministrazione dell'American I.G. Farben in quel periodo conteneva alcuni dei nomi più prestigiosi tra gli industriali americani: Edsel B. Ford della Ford Motor Company, C.E. Mitchell della Federal Reserve Bank di New York e Walter Teagle, direttore della Federal Reserve Bank di New York, della Standard Oil

---

[135] Josiah E. Dubois, Jr., *Generals in Grey Suits op. cit.,* p. 323.

Company del New Jersey e della Georgia Warm Springs Foundation del presidente Franklin D. Roosevelt.

Paul M. Warburg, primo direttore della Federal Reserve Bank di New York e presidente della Bank of Manhattan, era un direttore della Farben e in Germania anche suo fratello Max Warburg era direttore della I.G. Farben. Anche H. A. Metz della I.G. Farben era un direttore della Bank of Manhattan dei Warburg. Infine, Carl Bosch della I.G. Farben americana era anche direttore della Ford Motor Company A-G in Germania.

Tre membri del consiglio di amministrazione dell'americana I.G. Farben sono stati giudicati colpevoli al processo per crimini di guerra di Norimberga: Max Ilgner, F. Ter Meer e Hermann Schmitz. Come abbiamo notato, i membri americani del consiglio di amministrazione - Edsel Ford, C. E. Mitchell, Walter Teagle e Paul Warburg - non furono processati a Norimberga e, per quanto riguarda gli atti, sembra che non siano stati nemmeno interrogati sulla loro conoscenza del fondo Hitler del 1933.

I contributi politici del 1933

Chi erano gli industriali e i banchieri che nel 1933 misero a disposizione del partito nazista i fondi elettorali? L'elenco dei contribuenti e l'ammontare del loro contributo è il seguente:

CONTRIBUTI FINANZIARI A HITLER: 23 febbraio-13 marzo. 13, 1933:

(Il conto di Hjalmar Schacht a Delbruck, Banca Schickler)

Contributi politici delle aziende (con amministratori affiliati selezionati)	Importo impegnato	Percentuale del totale dell'azienda
Verein fuer die Bergbaulichen Interessen (Kitdorf)	$600,000	45.8

I.G. Farbenindustrie (Edsel Ford, C.E. Mitchell, Walter Teagle, Paul Warburg)	400,000	30.5
Salone dell'Automobile, Berlino (Reichsverbund der Automobilindustrie S.V.)	100,000	7.6
A.E.G., German General Electric (Gerard Swope, Owen Young, C.H. Minor, Arthur Baldwin)	60,000	4.6
Demag	50,000	3.8
Osram G.m.b.H. (Owen Young)	40,000	3.0
Telefunken Gesellsehaft ruer drahtlose Telegrafico	85,000	2.7
Accumulatoren-Fabrik A.G. (Quandt di A.E.G.)	25,000	1.9
Totale dall'industria	1,310,000	99.9

Più i contributi politici dei singoli imprenditori:

Karl Hermann	300,000
Direttore A. Steinke (BUBIAG- Braunkohlen-u. Brikett - Industrie A.G.)	200,000
Dir. Karl Lange (Geschaftsfuhrendes Vostandsmitglied des Vereins Deutsches Maschinenbau-Anstalten)	50,000
Dr. F. Springorum (Presidente: Eisenund Stahlwerke Hoesch A.G.)	36,000

Fonte: Si veda l'appendice per la traduzione del documento originale.

Come si può provare che questi pagamenti politici siano

effettivamente avvenuti? I pagamenti a Hitler in questa fase finale del percorso verso il nazismo dittatoriale furono effettuati attraverso la banca privata Delbruck Sehickler. La Delbruck Schickler Bank era una filiale della Metallgesellschaft A.G. ("Metall"), un gigante industriale, la più grande azienda di metalli non ferrosi in Germania e l'influenza dominante nel commercio mondiale di metalli non ferrosi. I principali azionisti di *Metall* erano I.G. Farben e la British Metal Corporation. Per inciso, possiamo notare che i direttori britannici dell'*Aufsichsrat* del "Metall" erano Walter Gardner (Amalgamated Metal Corporation) e il capitano Oliver Lyttelton (anch'egli nel consiglio di amministrazione dell'Amalgamated Metal e, paradossalmente, più tardi, durante la Seconda Guerra Mondiale, ministro britannico della Produzione).

Tra i documenti del Processo di Norimberga esistono le ricevute originali dei bonifici effettuati dalla divisione bancaria della I.G. Farben e da altre aziende elencate a pagina 110 alla Delbruck Schickler Bank di Berlino, che informano la banca del trasferimento di fondi dalla Dresdner Bank e da altre banche al loro conto *Nationale Treuhand* (Amministrazione fiduciaria nazionale). Questo conto fu utilizzato da Rudolf Hess per le spese del partito nazista durante le elezioni. La traduzione della distinta di bonifico della I.G. Farben, scelta come campione, è la seguente:

Traduzione della lettera di I.G. Farben del 27 febbraio 1933, che comunica a il trasferimento di 400.000 Reichsmark sul conto della National Trusteeship:

I.G. FARBENINDUSTRIE AKTIENGESELLSCHAFT

Dipartimento Banca

Studio: Delbruck Schickler & Co., BERLINO W.8

Mauerstrasse 63/65, Francoforte (Main) 20

Il nostro referente: (menzionare nella risposta)

27 febbraio 1933 B./Goe.

> *Con la presente vi informiamo che abbiamo autorizzato la Dresdner Bank di Francoforte/M. a versarvi domani pomeriggio: RM 400.000 che utilizzerete a favore del conto "NATIONALE TREUHAND" (Amministrazione fiduciaria nazionale).*
>
> *Con rispetto,*
> *I.G. Farbenindustrie Aktiengesellschaft per ordine:*
> *(Firmato) SELCK (Firmato) BANGERT*
> *Con consegna speciale.*[136]

A questo punto dobbiamo prendere atto degli sforzi compiuti per distogliere l'attenzione dai finanzieri americani (e dai finanzieri tedeschi collegati a società americane) che erano coinvolti nel finanziamento di Hitler. Di solito la colpa del finanziamento di Hitler è stata attribuita esclusivamente a Fritz Thyssen o a Emil Kirdorf. Nel caso di Thyssen, questa colpa è stata ampiamente diffusa in un libro presumibilmente scritto da Thyssen nel bel mezzo della Seconda Guerra Mondiale, ma successivamente ripudiato da lui stesso.[137] Non si capisce perché Thyssen abbia voluto ammettere tali azioni prima della sconfitta del nazismo.

Emil Kirdorf, che morì nel 1937, fu sempre orgoglioso della sua associazione con l'ascesa del nazismo. Il tentativo di limitare il finanziamento di Hitler a Thyssen e Kirdorf si estese ai processi di Norimberga del 1946 e fu contestato solo dal delegato sovietico. Anche il delegato sovietico non era disposto a produrre prove di associazioni americane; ciò non sorprende perché l'Unione Sovietica dipende dalla buona volontà di questi stessi finanziatori per trasferire all'URSS la tecnologia occidentale avanzata di cui ha bisogno. A Norimberga sono state fatte e lasciate passare inosservate dichiarazioni che erano direttamente contrarie alle prove dirette conosciute presentate sopra. Ad esempio, Buecher, direttore generale della General Electric tedesca, fu assolto dalla simpatia per

---

[136] *NMT*, volume VII, pag. 565.

[137] Fritz Thyssen, *I Paid Hitler*, (New York: Toronto: Farrat & Rinehart, Inc., 1941).

Hitler:

> *Thyssen ha confessato il suo errore da uomo e ha coraggiosamente pagato una pesante sanzione. Dall'altra parte ci sono uomini come Reusch della Gutehoffnungshuette, Karl Bosch, il defunto presidente dell'Aufsichtsrat della I.G. Farben, che molto probabilmente avrebbe fatto una triste fine, se non fosse morto in tempo. I loro sentimenti erano condivisi dal vicepresidente dell'Aufsichtsrat di Kalle. Le società Siemens e AEG che, accanto alla I.G. Farben, erano le più potenti imprese tedesche, erano decise oppositrici del nazionalsocialismo.*

> *So che questo atteggiamento ostile della Siemens nei confronti dei nazisti fece sì che l'azienda ricevesse un trattamento piuttosto duro. Il direttore generale della AEG (Allgemeine Elektrizitats Gesellschaft), Geheimrat Buecher, che conoscevo dal mio soggiorno nelle colonie, era tutt'altro che un nazista. Posso assicurare al generale Taylor che è certamente sbagliato affermare che i principali industriali in quanto tali favorissero Hitler prima della sua presa di potere.*[138]

Eppure, a pagina 56 di questo libro viene riprodotto un documento proveniente dalla General Electric, che trasferisce i fondi della General Electric al conto del National Trusteeship controllato da Rudolf Hess per conto di Hitler e utilizzato nelle elezioni del 1933.

Allo stesso modo, von Schnitzler, che era presente alla riunione del febbraio 1933 per conto della I.G. Farben, negò i contributi della I.G. Farben al Nationale Treuhand del 1933:

> *Non ho più sentito parlare dell'intera questione [quella del finanziamento di Hitler], ma credo che il buro di Goering o di Schacht o il Reichsverband der Deutschen*

---

[138] *NMT*, Volume VI, pp. 1169-1170.

> *Industrie avessero chiesto all'ufficio di Bosch o di Schmitz il pagamento della quota della IG nel fondo elettorale. Non avendo ripreso la questione, nemmeno all'epoca sapevo se e quale importo fosse stato pagato dall'IG. In base al volume dell'IG, dovrei stimare che la quota dell'IG fosse qualcosa come il 10% del fondo elettorale, ma per quanto ne so non ci sono prove che l'I.G. Farben abbia partecipato ai pagamenti.*[139]

Come abbiamo visto, le prove sono inconfutabili per quanto riguarda i contributi politici in denaro a Hitler nel momento cruciale della presa del potere in Germania - e il precedente discorso di Hitler agli industriali ha chiaramente rivelato che una presa di potere coercitiva era l'intento premeditato.

Sappiamo esattamente chi ha contribuito, quanto e attraverso quali canali. È notevole che i maggiori contribuenti - I.G. Farben, German General Electric (e la sua affiliata Osram) e Thyssen - fossero affiliati a finanzieri di Wall Street. Questi finanzieri di Wall Street erano il cuore dell'élite finanziaria e avevano un ruolo di primo piano nella politica americana contemporanea. Gerard Swope della General Electric fu l'autore del New Deal di Roosevelt, Teagle fu uno dei principali amministratori dell'NRA, Paul Warburg e i suoi collaboratori dell'American

La I.G. Farben era un consigliere di Roosevelt. Non è forse una straordinaria coincidenza che il New Deal di Roosevelt - definito "misura fascista" da Herbert Hoover - assomigli così tanto al programma di Hitler per la Germania e che sia Hitler che Roosevelt siano saliti al potere nello stesso mese dello stesso anno, il marzo 1933.

---

[139] *NMT*, volume VII, pag. 565.

Capitolo 8

Putzi: Amico di Hitler e Roosevelt

Ernst Sedgewiek Hanfstaengl (o Hanfy o Putzi, come era più comunemente chiamato), come Hjalmar Horaee Greeley Sehacht, fu un altro tedesco-americano al centro dell'ascesa dell'hitlerismo. Hanfstaengl era nato in una nota famiglia del New England; era cugino del generale della Guerra Civile John Sedgewiek e nipote di un altro generale della Guerra Civile, William Heine. Presentato a Hitler all'inizio degli anni Venti dal capitano Truman-Smith, addetto militare degli Stati Uniti a Berlino, Putzi divenne un ardente sostenitore di Hitler, a volte finanziò i nazisti e, secondo l'ambasciatore William Dodd, "... si dice che abbia salvato la vita a Hitler nel 1923".[140]

Per coincidenza, il padre del leader delle S.S. Heinrich Himmler era anche il maestro di Putni al ginnasio Royal Bavarian Wilhelms. I compagni di studi di Putzi all'Università di Harvard erano "figure future di spicco" come Walter Lippman, John Reed (che figura in *Wall Street e nella Rivoluzione bolscevica)* e Franklin D. Roosevelt. Dopo alcuni anni ad Harvard, Putzi avviò l'attività artistica di famiglia a New York; si trattava di una deliziosa combinazione di affari e piacere, poiché, come racconta, "i nomi famosi che mi fecero visita furono una legione, Pierpont Morgan, Toscanini, Henry Ford, Caruso, Santos-Dumont, Charlie Chaplin, Paderewski e una figlia del presidente Wilson".[141] Sempre ad Harvard Putzi strinse amicizia

---

[140] William E. Dodd, *Ambassador Dodd's Diary, 1933-1938,* (New York: Harcourt, Brace & Co., 1941), p. 360.

[141] Ernst Hanfstaengl, *Unheard Witness,* (New York: J.B. Lippincott, 1957), p. 28.

con il futuro presidente Franklin Delano Roosevelt:

> *La maggior parte dei pasti li consumavo all'Harvard Club, dove feci amicizia con il giovane Franklin D. Roosevelt, all'epoca senatore in ascesa dello Stato di New York. Ricevetti anche diversi inviti a visitare il suo lontano cugino Teddy, l'ex Presidente, che si era ritirato nella sua tenuta di Sagamore Hill.[142]*

Da queste varie amicizie (o forse dopo aver letto questo libro e i suoi predecessori, *Wall Street e FDR* e *Wall Street e la Rivoluzione bolscevica*, il lettore può considerare l'amicizia di Putzi come limitata a una cerchia particolarmente elitaria), Putzi divenne non solo un primo amico, finanziatore e sostenitore di Hitler, ma tra i primi sostenitori di Hitler fu "quasi l'unica persona che superò le linee dei suoi (di Hitler) gruppi di conoscenti".[143]

In breve, Putzi era un cittadino americano al centro dell'entourage di Hitler dai primi anni Venti alla fine degli anni Trenta. Nel 1943, dopo essere caduto in disgrazia con i nazisti ed essere stato internato dagli Alleati, Putzi fu salvato dalle miserie di un campo di prigionia canadese dal suo amico e protettore, il presidente Franklin D. Roosevelt. Quando le azioni di FDR minacciarono di diventare un problema politico interno agli Stati Uniti, Putzi fu nuovamente internato in Inghilterra. Come se non fosse abbastanza sorprendente trovare Heinrich Himmler e Franklin D. Roosevelt in primo piano nella vita di Putzi, scopriamo anche che le canzoni da marcia degli Stormtrooper nazisti furono composte da Hanfstaengl, "compresa quella che fu suonata dalle colonne delle camicie brune mentre marciavano attraverso la Brandenburger Tor il giorno in cui Hitler prese il potere".[144] Per finire, Putzi ha affermato che la genesi del canto nazista "Sieg Heil, Sieg Heil", usato nei raduni di massa nazisti, non era altro che "Harvard, Harvard, Harvard, rah, rah,

---

[142] Ibidem.

[143] Ibidem, p. 52.

[144] Ibidem, p. 53.

rah".[145]

Putzi ha certamente contribuito a finanziare il primo quotidiano nazista, il *Volkische Beobachter*. Se abbia salvato la vita di Hitler dai comunisti è meno verificabile, e sebbene sia stato tenuto fuori dall'effettivo processo di scrittura del *Mein Kampf* - con suo grande disgusto - Putzi ebbe l'onore di finanziarne la pubblicazione, "e il fatto che Hitler abbia trovato uno staff funzionante quando fu rilasciato dal carcere fu interamente dovuto ai nostri sforzi".[146]

Quando Hitler salì al potere nel marzo 1933, contemporaneamente a Franklin Delano Roosevelt a Washington, un "emissario" privato fu inviato da Roosevelt a Washington D.C. ad Hanfstaengl a Berlino, con un messaggio in cui si diceva che, poiché sembrava che Hitler avrebbe presto raggiunto il potere in Germania, Roosevelt sperava, in considerazione della loro lunga conoscenza, che Putzi avrebbe fatto del suo meglio per evitare qualsiasi imprudenza e testa calda. "Pensa al tuo modo di suonare il pianoforte e cerca di usare il pedale morbido se le cose si fanno troppo rumorose", fu il messaggio di FDR. *"Se* le cose cominciano a diventare imbarazzanti, per favore contatta subito il nostro ambasciatore.[147]

Hanfstaengl si tenne in stretto contatto con l'ambasciatore americano a Berlino, William E. Dodd - apparentemente con grande disgusto, perché i commenti registrati da Putzi su Dodd sono decisamente poco lusinghieri:

> *Per molti versi, egli [Dodd] era un rappresentante insoddisfacente. Era un modesto professore di storia del Sud, che gestiva la sua ambasciata con pochi soldi e probabilmente cercava di risparmiare sul suo stipendio. In un momento in cui c'era bisogno di un milionario robusto per competere con l'ostentazione dei nazisti, egli*

---

[145] Ibidem, p. 59.

[146] Ibidem, p. 122.

[147] Ibidem, pp. 197-8.

> *si aggirava con autoironia come se fosse ancora nel suo campus universitario. La sua mente e i suoi pregiudizi erano piccoli.*[148]

In effetti, l'ambasciatore Dodd cercò di rifiutare la nomina ad ambasciatore di Roosevelt. Dodd non aveva eredità e preferiva vivere con lo stipendio del Dipartimento di Stato piuttosto che con i bottini della politica; a differenza dei politici, Dodd era attento a chi riceveva denaro. In ogni caso, Dodd commentò altrettanto duramente Putzi: "... diede del denaro a Hitler nel 1923, lo aiutò a scrivere *il Mein Kampf* e conosceva in ogni modo le motivazioni di Hitler....".

Hanfstaengl era un agente dell'establishment liberale negli Stati Uniti? Probabilmente possiamo escludere questa possibilità perché, secondo Ladislas Farago, è stato Putzi a spifferare la penetrazione britannica ai massimi livelli del comando hitleriano. Farago riferisce che il barone William S. de Ropp era penetrato nelle più alte sfere naziste nel periodo precedente la Seconda Guerra Mondiale e che Hitler usava de Ropp "... come suo consulente confidenziale sugli affari britannici".[149] De Ropp fu sospettato di essere un agente doppiogiochista solo da Putzi. Secondo Farago:

> *L'unica persona... che abbia mai sospettato di tale doppiezza e che abbia messo in guardia il Fuehrer da lui è stato l'erratico Putzt Hanfstaengl, il capo dell'ufficio di Hitler che si occupava della stampa estera e che aveva studiato ad Harvard.*

Come nota Farago, "Bill de Ropp faceva il gioco in entrambi i campi: un agente doppiogiochista ai vertici".[150] Putzi era altrettanto diligente nel mettere in guardia i suoi amici, gli Hermann Goering, da potenziali spie nel *loro* campo. Ne è testimonianza il seguente

---

[148] Ibidem, p. 214.

[149] Ladislas Farago, *Il gioco delle volpi*, (New York: Bantam, 1973), p. 97.

[150] Ibidem, p. 106.

estratto dalle memorie di Putzi, in cui punta il dito accusatore di spionaggio contro il giardiniere dei Goerings...

> *"Herman", dissi un giorno, "scommetto qualsiasi cifra che tipo Greinz è una spia della polizia". "Davvero, Putzi", irruppe Karin [la signora Herman Goertng], "è un tipo così gentile ed è un giardiniere meraviglioso". "Sta facendo esattamente quello che dovrebbe fare una spia", le dissi, "si è reso indispensabile".[151]*

Nel 1941 Putzi non godeva più del favore di Hitler e dei nazisti, fuggì dalla Germania e fu internato in un campo canadese per prigionieri di guerra. Con la Germania e gli Stati Uniti in guerra, Putzi ricalcolò le probabilità e concluse: *"Ora* sapevo con certezza che la Germania sarebbe stata sconfitta".[152] Il rilascio di Putzi dal campo di prigionia avvenne grazie all'intervento personale del vecchio amico Presidente Roosevelt:

> *Un giorno un corrispondente della Hearst Press di nome Kehoe ottenne il permesso di visitare Fort Hens. Riuscii a scambiare qualche parola con lui in un angolo. "Conosco bene il suo capo", gli dissi. "Mi farebbe un piccolo servizio?". Fortunatamente riconobbe il mio nome.*
>
> *Gli diedi una lettera che si infilò in tasca. Era indirizzata al Segretario di Stato americano, Cordell Hull. Pochi giorni dopo era sulla scrivania del mio amico dell'Harvard Club, Franklin Delano Roosevelt. In essa mi offrivo come consulente per la guerra politica e psicologica nella guerra contro la Germania.[153]*

La risposta e l'offerta di "lavorare" per la parte americana furono

---

[151] Ernst Hanfstaengl, *Testimone inascoltato, op.* cit., p. 76.

[152] Ibidem.

[153] Ibidem, pp. 310-11.

accettate. Putzi fu sistemato in un ambiente confortevole, con il figlio, il sergente dell'esercito americano Egon Hanfstaengl, anche lui come aiutante personale. Nel 1944, sotto la pressione di una minaccia repubblicana di denunciare il favoritismo di Roosevelt per un ex nazista, Egon fu spedito in Nuova Guinea e Putzi fu portato in Inghilterra, dove gli inglesi lo internarono prontamente per tutta la durata della guerra, Roosevelt o non Roosevelt.

Il ruolo di Putzi nell'incendio del Reichstag

Le amicizie e le manipolazioni politiche di Putzi possono avere o meno una grande importanza, ma il suo ruolo nell'incendio del Reichstag è significativo. L'incendio del Reichstag del 27 febbraio 1933 è uno degli eventi chiave dei tempi moderni. L'incendio fu usato da Adolf Hitler per rivendicare l'imminente rivoluzione comunista, sospendere i diritti costituzionali e prendere il potere totalitario. Da quel momento in poi la Germania non poté più tornare indietro; il mondo si avviò verso la Seconda Guerra Mondiale.

All'epoca la colpa dell'incendio del Reichstag fu attribuita ai comunisti, ma in prospettiva storica ci sono pochi dubbi sul fatto che l'incendio fu appiccato deliberatamente dai nazisti per fornire una scusa per prendere il potere politico. Fritz Thyssen ha commentato negli interrogatori della Polveriera del dopoguerra:

> *Quando il Reichstag fu bruciato, tutti erano sicuri che fosse stato fatto dai comunisti. In seguito, in Svizzera, ho appreso che era tutta una menzogna.*[154]

Schacht afferma con decisione:

> *Oggi sarebbe abbastanza chiaro che questa azione non poteva essere imputata al Partito Comunista. In che misura i singoli nazionalsocialisti abbiano collaborato alla pianificazione e all'esecuzione dell'azione sarà*

---

[154] Rapporto sulla *pattumiera* EF/Me/1. Intervista a Thyssen, pag. 13.

> *difficile da stabilire, ma alla luce di tutto ciò che è stato rivelato nel frattempo, si deve accettare il fatto che Goebbels e Goering hanno avuto un ruolo di primo piano, l'uno nella pianificazione, l'altro nell'esecuzione del piano.*[155]

L'incendio del Reichstag è stato appiccato deliberatamente, probabilmente utilizzando un liquido infiammabile, da un gruppo di esperti. È qui che entra in scena Putzi Hanfstaengl. La domanda chiave è: come ha fatto questo gruppo, intenzionato a compiere un incendio doloso, ad accedere al Reichstag per compiere il lavoro? Dopo le 20.00 solo una porta dell'edificio principale era aperta e questa porta era sorvegliata. Poco prima delle 21, un giro dell'edificio da parte dei guardiani indicava che tutto era a posto; non erano stati notati liquidi infiammabili e nulla era fuori dall'ordinario nella Sala delle Sessioni, dove è scoppiato l'incendio. Apparentemente nessuno poteva accedere all'edificio del Reichstag dopo le 21.00 e nessuno è stato visto entrare o uscire tra le 21.00 e l'inizio dell'incendio.

C'era solo un modo in cui un gruppo con materiali infiammabili poteva entrare nel Reichstag: attraverso un tunnel che correva tra il Reichstag e il Palazzo del Presidente del Reichstag. Hermann Goering era presidente del Reichstag e viveva nel palazzo, e numerosi uomini delle S.A. e delle S.S. erano noti per la loro presenza nel palazzo. Secondo le parole di un autore:

> *L'uso del passaggio sotterraneo, con tutte le sue complicazioni, era possibile solo ai nazionalsocialisti, l'avanzata e la fuga della banda di incendiari era possibile solo con la connivenza di impiegati del Reichstag di alto livello. Ogni indizio, ogni probabilità punta in modo schiacciante in una direzione, verso la conclusione che l'incendio del Reichstag fu opera dei*

---

[155] Hjalmar Horace Greeley Schacht, *Confessioni di un vecchio mago* (Boston: Houghton Mifflin, 1956), p. 276.

nazionalsocialisti.[156]

Come si inserisce Putzi Hanfstaengl in questo quadro di incendi dolosi e intrighi politici? Putzi - per sua stessa ammissione - si trovava nella stanza del Palazzo all'altra estremità del tunnel che portava al Reichstag. E secondo *Il processo per l'incendio del Reichstag*, Putzi Hanfstaengl era effettivamente nel Palazzo stesso durante l'incendio:

> *L'apparato di propaganda era pronto e i capi delle Storm Troopers erano al loro posto. Con i bollettini ufficiali pianificati in anticipo, gli ordini di arresto preparati, Karwahne, Frey e Kroyer che aspettavano pazientemente nel loro caffè, i preparativi erano completi, lo schema quasi perfetto.*[157]

Dimitrov afferma inoltre che:

> *I leader nazionalsocialisti, Hitler, Goering e Goebbels, insieme agli alti funzionari nazionalsocialisti, Daluege, Hanfstaengl e Albrecht, erano presenti a Berlino il giorno dell'incendio, nonostante la campagna elettorale fosse al massimo in tutta la Germania, sei giorni prima del voto. Goering e Goebbels, sotto giuramento, fornirono spiegazioni contraddittorie sulla loro "fortuita" presenza a Berlino con Hitler quel giorno. Il nazionalsocialista Hanfstaengl, in qualità di "ospite" di Goering, era presente nel Palazzo del Presidente del Reichstag, immediatamente adiacente al Reichstag, al momento dello scoppio dell'incendio, anche se il suo "ospite" non era lì in quel momento.*[158]

Secondo il nazista Kurt Ludecke, esisteva un documento firmato dal

---

[156] George Dimitrov, *Il processo per l'incendio del Reichstag*, (Londra: The Bodley Head, 1934), p. 309.

[157] Ibidem, p. 310.

[158] Ibidem, p. 311.

capo delle S.A. Karl Ernst - che avrebbe appiccato l'incendio e sarebbe stato poi assassinato dai compagni nazisti - che implicava Goering, Goebbels e Hanfstaengl nella cospirazione.

Il New Deal di Roosevelt e il Nuovo Ordine di Hitler

Hjalmar Schacht sfidò i suoi interrogatori di Norimberga nel dopoguerra con l'osservazione che il programma del Nuovo Ordine di Hitler era uguale al programma del New Deal di Roosevelt negli Stati Uniti. Gli interrogatori comprensibilmente sbuffarono e respinsero l'osservazione. Tuttavia, una piccola ricerca suggerisce che non solo i due programmi sono abbastanza simili nel contenuto, ma che i tedeschi non hanno avuto problemi a notare le somiglianze. Nella Biblioteca Roosevelt è conservato un piccolo libro presentato a FDR dal dottor Helmut Magers nel dicembre 1933.[159] Sul frontespizio di questa copia di presentazione è riportata l'iscrizione,

> *Al Presidente degli Stati Uniti, Franklin D. Roosevelt, con profonda ammirazione per la sua concezione di un nuovo ordine economico e con devozione per la sua personalità. L'autore, Baden, Germania, 9 novembre 1933.*

La risposta di FDR a questa ammirazione per il suo nuovo ordine economico fu la seguente[160]:

> *(Washington) 19 dicembre 1933*

> *Caro dottor Magers: desidero inviarle i miei ringraziamenti per la copia del suo piccolo libro su di me e sul "New Deal". Anche se, come lei sa, ho frequentato*

---

[159] Helmut Magers, *Ein Revolutionar Aus Common Sense*, (Lipsia: R. Kittler Verlag, 1934).

[160] Nixon, Edgar B., Editor, *Franklin D. Roosevelt and Foreign Affairs*, (Cambridge: The Belknap Press of Harvard University Press, 1969), Volume 1: gennaio 1933-febbraio 1934. Biblioteca Franklin D. Roosevelt. Hyde Park, New York.

> *la scuola in Germania e un tempo parlavo il tedesco con una certa scioltezza, sto leggendo il suo libro non solo con grande interesse, ma anche perché aiuterà il mio tedesco.*

> *Cordiali saluti,*

Il New Deal o il "nuovo ordine economico" non erano una creatura del liberalismo classico di. Era una creatura del socialismo aziendale. Le grandi imprese, come quelle di Wall Street, aspiravano a un ordine statale in cui potessero controllare l'industria ed eliminare la concorrenza, e questo era il cuore del New Deal di FDR. La General Electric, ad esempio, ha un ruolo di primo piano sia nella Germania nazista che nel New Deal. La General Electric tedesca fu un importante finanziatore di Hitler e del partito nazista, e anche la A.E.G. finanziò Hitler sia direttamente che indirettamente attraverso la Osram.

La International General Electric di New York partecipò in modo determinante alla proprietà e alla direzione di A.E.G. e Osram. Gerard Swope, Owen Young e A. Baldwin della General Electric negli Stati Uniti erano direttori della A.E.G. Tuttavia, la storia non si ferma alla General Electric e al finanziamento di Hitler nel 1933.

In un libro precedente, *Wall Street e la Rivoluzione bolscevica*, l'autore ha identificato il ruolo della General Electric nella Rivoluzione bolscevica e la posizione geografica dei partecipanti americani al 120 Broadway, New York City; anche gli uffici esecutivi della General Electric erano al 120 Broadway. Quando Franklin Delano Roosevelt lavorava a Wall Street, anche il suo indirizzo era al 120 di Broadway. Infatti, la Georgia Warm Springs Foundation, la Fondazione FDR, aveva sede al 120 Broadway. L'importante finanziatore di una delle prime imprese di Wall Street di Roosevelt al 120 di Broadway era Gerard Swope della General Electric. E fu proprio il "piano Swope" a diventare il New Deal di Roosevelt, il piano fascista che Herbert Hoover non volle imporre agli Stati Uniti. In breve, sia il New Order di Hitler che il New Deal di Roosevelt erano sostenuti dagli stessi industriali e, nel contenuto, erano abbastanza simili: erano cioè entrambi piani per uno Stato corporativo.

Tra l'America di FDR e la Germania di Hitler esistevano ponti sia aziendali che individuali. Il primo ponte fu l'American I.G. Farben, affiliata americana della I.G. Farben, la più grande società tedesca. Nel consiglio di amministrazione dell'American I.G. sedeva Paul Warburg, della Bank of Manhattan e della Federal Reserve Bank di New York. Il secondo ponte era tra la International General Electric, una società interamente controllata dalla General Electric Company e la sua affiliata parzialmente controllata in Germania, la A.E.G. Gerard Swope, che formulò il New Deal di FDR, era presidente della I.G.E. e nel consiglio di amministrazione della A.E.G. Il terzo "ponte" era tra la Standard Oil del New Jersey e la Vacuum Oil e la sua affiliata tedesca interamente controllata, la Deutsche-Amerikanisehe Gesellschaft. Il presidente della Standard Oil of New Jersey era Walter Teagle, della Federal Reserve Bank di New York. Era un fiduciario della Georgia Warm Springs Foundation di Franklin Delano Roosevelt e nominato da FDR a un posto amministrativo chiave nella National Recovery Administration.

Queste società erano profondamente coinvolte sia nella promozione del New Deal di Roosevelt sia nella costruzione della potenza militare della Germania nazista. Il ruolo di Putzi Hanfstaengl nei primi tempi, comunque fino alla metà degli anni Trenta, fu un collegamento informale tra l'élite nazista e la Casa Bianca. Dopo la metà degli anni Trenta, quando il mondo si avviò verso la guerra, l'importanza di Putzi diminuì, mentre le grandi imprese americane continuarono a essere rappresentate attraverso intermediari come il barone Kurt von Schroder, l'avvocato Westrick e l'appartenenza al Circolo degli amici di Himmler.

Capitolo 9

Wall Street e la cerchia interna nazista

Per tutto il periodo dei nostri contatti commerciali non abbiamo avuto alcun sentore del ruolo connivente della Farben nella brutale politica di Hitler. Offriamo tutto l'aiuto possibile per far sì che venga portata alla luce la verità completa e che venga fatta rigida giustizia.

(F. W. Abrams, presidente del consiglio di amministrazione, Standard Oil of New Jersey, 1946).

Adolf Hitler, Hermann Goering, Josef Goebbels e Heinrich Himmler, il gruppo centrale del nazismo, erano allo stesso tempo a capo di piccoli feudi all'interno dello Stato nazista. I gruppi di potere o le cricche politiche erano incentrati su questi leader nazisti, e soprattutto, dopo la fine degli anni Trenta, su Adolf Hitler e Heinrich Himmler, Reich-Leader delle S.S. (le temute *Schutzstaffel).* Il più importante di questi circoli interni nazisti fu creato per ordine del Fuehrer; fu conosciuto prima come Circolo Keppler e poi come Circolo degli amici di Himmler.

Il Circolo Keppler nacque come gruppo di uomini d'affari tedeschi che sostenevano l'ascesa al potere di Hitler prima e durante il 1933. A metà degli anni Trenta il Circolo Keppler finì sotto l'influenza e la protezione del capo delle S.S. Himmler e il controllo organizzativo del banchiere di Colonia e importante uomo d'affari nazista Kurt von Schroder. Schroder, si ricorda, era a capo della J.H. Stein Bank in Germania e affiliato alla L. Henry Schroder Banking Corporation di New York. È all'interno di questo circolo ristretto, il nucleo stesso del nazismo, che troviamo Wall Street, compresa la Standard Oil del New Jersey e la I.T.T., rappresentata dal 1933 fino al 1944.

Wilhelm Keppler, fondatore dell'originale Circolo degli Amici, rappresenta il ben noto fenomeno dell'uomo d'affari politicizzato, ossia *dell'*uomo d'affari che coltiva l'arena politica piuttosto che il mercato imparziale per i suoi profitti. Questi uomini d'affari sono stati interessati a promuovere le cause socialiste, perché una società socialista pianificata offre un'opportunità molto redditizia di contratti attraverso l'influenza politica.

Avvertendo tali opportunità di guadagno, Keppler si unì ai nazionalsocialisti e fu vicino a Hitler prima del 1933. Il Circolo degli Amici nacque da un incontro tra Adolf Hitler e Wilhelm Keppler nel dicembre 1931. Nel corso della conversazione - avvenuta diversi anni prima che Hitler diventasse dittatore - il futuro Fuehrer espresse il desiderio di avere a disposizione uomini d'affari tedeschi affidabili per la consulenza economica quando i nazisti avessero preso il potere. *"Cercate* di ottenere alcuni leader economici - non è necessario che siano membri del Partito - che saranno a nostra disposizione quando andremo al potere".[161] Keppler si impegnò a farlo.

Nel marzo 1933 Keppler fu eletto al Reichstag e divenne l'esperto finanziario di Hitler. Questo incarico durò poco. Keppler fu sostituito dall'infinitamente più capace Hjalmar Schacht e inviato in Austria, dove nel 1938 divenne Commissario del Reich, ma fu comunque in grado di sfruttare la sua posizione per acquisire un notevole potere nello Stato nazista. Nel giro di pochi anni ottenne una serie di lucrosi incarichi di amministratore in aziende tedesche, tra cui quello di presidente del consiglio di amministrazione di due filiali della I.G. Farben: Braunkohle-Benzin A.G. e Kontinental Oil A.G. Braunkohle-Benzin era lo sfruttatore tedesco della tecnologia della Standard Oil of New Jersey per la produzione di benzina dal carbone. (Si veda il capitolo 4).

In breve, Keppler era il presidente dell'azienda che utilizzava la tecnologia americana per l'indispensabile benzina sintetica che

---

[161] Dalla dichiarazione giurata di Wilhem Keppler, *NMT*, volume VI, pag. 285.

permise alla Wehrmacht di entrare in guerra nel 1939. Questo dato è significativo perché, se collegato ad altre prove presentate in questo capitolo, suggerisce che i profitti e il controllo di queste tecnologie fondamentalmente importanti per i fini militari tedeschi furono mantenuti da un piccolo gruppo di imprese e uomini d'affari internazionali che operavano al di là dei confini nazionali.

Anche il nipote di Keppler, Fritz Kranefuss, sotto la protezione dello zio, si fece notare sia come aiutante del capo delle S.S. Heinrich Himmler sia come uomo d'affari e operatore politico. Fu il legame di Kranefuss con Himmler a far sì che il circolo Keppler si allontanasse gradualmente da Hitler negli anni '30 per entrare nell'orbita di Himmler, dove in cambio di donazioni annuali ai progetti delle S.S. di Himmler i membri del circolo ricevevano favori politici e una protezione non trascurabile da parte delle S.S. Il barone Kurt von Schroder era, come abbiamo notato, il rappresentante dell'I.T.T. nella Germania nazista e un primo membro del circolo Keppler. Il Circolo Keppler originale era composto da:

I MEMBRI ORIGINALI (PRIMA DEL 1932) DEL CIRCOLO KEPPLER

Membro del Circolo	Associazioni principali
Wilhelm KEPPLER	Presidente della filiale I.G. Farben Braunkohle-Benzin A.G. (sfruttava la tecnologia della Standard Oil of N.J. per l'estrazione del petrolio dal carbone)
Fritz KRANEFUSS	Nipote di Keppler e aiutante di Heinrich Himmler. In qualità di Vorstand di BRABAG
Kurt von SCHRODER	A bordo di tutte le filiali di International Telephone & Telegraph in Germania
Karl Vincenz KROGMANN	Sindaco di Amburgo
Agosto ROSTERG	Direttore generale di WINTERSHALL
Otto STEINBRINCK	Vicepresidente di VEREINIGTE STAHLWERKE (cartello dell'acciaio fondato con prestiti di Wall Street nel 1926)
Hjalmar SCHACHT	Presidente della BANCA REICHSBANK
Emil HELFFRICH	Presidente del consiglio di amministrazione della GERMAN-AMERICAN PETROLEUM CO. (posseduta al 94% dalla Standard Oil del New Jersey) (vedi sopra alla voce Wilhelm Keppler)
Friedrich REINHARDT	Presidente del consiglio di amministrazione COMMERZBANK

<table>
<tr><td>Ewald HECKER</td><td>Presidente del consiglio di amministrazione di
ILSEDER HUTTE</td></tr>
<tr><td>Graf von BISMARCK</td><td>Presidente del governo di STETTIN</td></tr>
</table>

Il Circolo degli amici di S.S.

Il Circolo degli Amici originario si incontrò con Hitler nel maggio 1932 e ascoltò una dichiarazione degli obiettivi nazisti. Heinrich Himmler divenne poi un partecipante frequente agli incontri e, attraverso Himmler, vari ufficiali delle S.S. e altri uomini d'affari si unirono al gruppo. Questo gruppo allargato divenne nel tempo il Circolo degli Amici di Himmler, con Himmler che fungeva da protettore e spedizioniere per i suoi membri. Di conseguenza, gli interessi bancari e industriali erano fortemente rappresentati nella cerchia ristretta del nazismo e i loro contributi finanziari all'hitlerismo prima del 1933, che abbiamo elencato in precedenza, furono ampiamente ripagati. Delle "Cinque grandi" banche tedesche, la Dresdner Bank aveva i legami più stretti con il Partito nazista: almeno una dozzina di membri del consiglio di amministrazione della Dresdner Bank erano di alto rango nazista e non meno di sette direttori della Dresdner Bank facevano parte della cerchia allargata degli amici di Keppler, che non superava mai i 40.

Se esaminiamo i nomi che compongono sia il Circolo Keppler originale prima del 1933 sia il Circolo Keppler e Himmler ampliato dopo il 1933, troviamo le multinazionali di Wall Street fortemente rappresentate, più di qualsiasi altro gruppo istituzionale. Prendiamo a turno ciascuna multinazionale di Wall Street o la sua consociata tedesca - quelle identificate nel Capitolo 7 come legate al finanziamento di Hitler - ed esaminiamo i loro legami con Keppler e Heinrich Himmler.

I.G. Farben e il Circolo Keppler

I.G. Farben era fortemente rappresentata all'interno del Circolo Keppler: non meno di otto dei 40 membri del circolo erano direttori di I.G. Farben o di una filiale di Farben. Questi otto membri includevano il già descritto Wilhelm Keppler e suo nipote Kranefuss, oltre al barone Kurt von Schroder. La presenza della

Farben era sottolineata dal membro Hermann Schmitz, presidente della I.G. Farben e direttore della Vereinigte Stahlwerke, entrambi cartelli costruiti e consolidati dai prestiti di Wall Street degli anni Venti. Un rapporto del Congresso degli Stati Uniti descrive Hermann Schmitz come segue:

> *Hermann Schmitz, uno dei personaggi più importanti della Germania, ha ottenuto un successo straordinario contemporaneamente nei tre campi dell'industria, della finanza e del governo, e ha servito con zelo e devozione ogni governo in carica. Egli simboleggia il cittadino tedesco che dalla devastazione della Prima Guerra Mondiale ha reso possibile la Seconda.*

> *Per ironia della sorte, si può dire che la sua colpa sia maggiore in quanto nel 1919 era membro della delegazione del Reich per la pace e negli anni '30 era in grado di insegnare ai nazisti molte cose che il furto doveva sapere sulla penetrazione economica, sugli usi dei cartelli, sui materiali sintetici per la guerra.[162]*

Un altro membro del Circolo Keppler nel consiglio di amministrazione di I.G. Farben era Friedrich Flick, creatore del cartello dell'acciaio Vereinigte Stahlwerke e direttore di Allianz Versicherungs A.G. e German General Electric (A.E.G.).

Heinrich Schmidt, direttore della Dresdner Bank e presidente del consiglio di amministrazione della filiale della I.G. Farben Braunkohle-Benzin A.G., faceva parte del circolo; così come Karl Rasehe, altro direttore della Dresdner Bank e direttore della Metallgesellschaft (società madre della Delbruck Schickler Bank) e della Accumulatoren-Fabriken A.G. Anche Heinrich Buetefisch era direttore della I.G. Farben e membro del circolo Keppler. In breve, il contributo dell'I.G. Farben al Nationale Treuhand di Rudolf Hess - il fondo nero politico - fu confermato dopo il golpe del 1933 da

---

[162] *Eliminazione delle risorse tedesche,* pag. 869.

una forte rappresentanza nella cerchia ristretta nazista.

Quanti di questi membri del Circolo Keppler nel complesso della I.G. Farben erano affiliati a Wall Street?

MEMBRI DEL CIRCOLO KEPPLER ORIGINALE ASSOCIATI A MULTINAZIONALI STATUNITENSI

Membro del Circolo Keppler	I.G. Farben	I.T.T.	Standard Oil del New Jersey	General Electric
Wilhelm KEPPLER	Presidente dell'affiliata Farben BRABAG		-	
Fritz KRANEFUSS	Su Aufsichrat di BRABAG		-	
Emil Heinrich MEYER		A bordo di tutte le filiali tedesche di I.T.T: Standard/Mix & Genest/Lorenz	-	Consiglio dell'A.E.G.
Emil HELFFRICH			Presidente di DAPAG (controllata al 94% da Standard of New Jersey).	
Friedrich FLICK	I.G. Farben	-	-	Consiglio dell'A.E.G.
Kurt von SCHRODER		A bordo di tutte le filiali I.T.T. in Germania		

Allo stesso modo, possiamo identificare altre istituzioni di Wall Street rappresentate nel primo Circolo degli Amici di Keppler, confermando i loro contributi monetari al Fondo Nazionale di Fiducia gestito da Rudolf Hess per conto di Adolf Hitler. Questi rappresentanti erano Emil Heinrich Meyer e il banchiere Kurt von Schroder, presenti nei consigli di amministrazione di tutte le filiali della I.T.T. in Germania, ed Emil Helffrich, presidente del consiglio di amministrazione della DAPAG, posseduta al 94% dalla Standard Oil del New Jersey.

Wall Street nel Circolo S.S.

Le principali multinazionali statunitensi erano anche molto ben rappresentate nel successivo Circolo Heinrich Himmler e hanno versato contributi in denaro al S.S. (il Sonder Konto S) fino al 1944 - mentre la Seconda Guerra Mondiale era in corso.

Quasi un quarto dei contributi del Sonder Konto S del 1944 proveniva dalle filiali della International Telephone and Telegraph, rappresentate da Kurt von Schröder. I versamenti del 1943 delle filiali di I.T.T. al Conto speciale sono stati i seguenti:

Mix & Genest A.G.	5.000 RM
C. Lorenz AG	20.000 RM
Felten & Guilleaume	25.000 RM
Kurt von Schroder	16.000 RM

E i pagamenti del 1944 erano:

Mix & Genest A.G .	5.000 RM
C. Lorenz AG	20.000 RM
Felten & Guilleaume	20.000 RM
Kurt von Schroder	16.000 RM

Sosthenes Behn della International Telephone and Telegraph trasferì il controllo bellico di Mix & Genest, C. Lorenz e degli altri interessi della Standard Telephone in Germania a Kurt von Schroder - che era un membro fondatore del Circolo Keppler e organizzatore e tesoriere del Circolo degli Amici di Himmler. Anche Emil H. Meyer, Untersturmfuehrer delle S.S., membro del Vorstand della Dresdner Bank, A.E.G., e direttore di tutte le filiali della I.T.T. in Germania, era un membro del Circolo degli Amici di Himmler, il che dava alla I.T.T. due potenti rappresentanti nel cuore delle S.S.

Una lettera del barone von Schroder al collega Emil Meyer, datata 25 febbraio 1936, descrive gli scopi e i requisiti del Circolo Himmler e la natura di lunga data del conto speciale "S" con fondi presso la banca di Schroder, la J.H. Stein Bank di Colonia. Stein Bank di Colonia:

Al Prof. Dr. Emil H. Meyer

Berlino, 25 febbraio 1936 (calligrafia illeggibile)

S.S. (Untersturmfuchrer) (sottotenente) Membro del Consiglio direttivo (Vorstand) della Dresdner Bank

Berlino W. 56, Behrenstr. 38

Personale!

Al Circolo degli amici del Capo del Reich SS

Al termine del giro d'ispezione di due giorni a Monaco di Baviera a cui il Capo del Reich SS ci aveva invitato lo scorso gennaio, il Circolo degli Amici ha deciso di mettere a disposizione del Capo del Reich - ciascuno secondo le proprie possibilità - un "Conto Speciale S" (Sonder Konto S), da istituire presso la società bancaria J.H. Stein di Colonia, che dovrà essere utilizzato per alcuni compiti al di fuori del bilancio.

Ciò dovrebbe consentire al Capo del Reich di fare affidamento su tutti i suoi amici. A Monaco di Baviera è stato deciso che i sottoscritti si sarebbero resi disponibili per la creazione e la gestione di questo conto. Nel frattempo il conto è stato aperto e desideriamo che ogni partecipante sappia che, nel caso in cui voglia versare contributi al Capo del Reich per i compiti sopra menzionati - a nome della sua azienda o del Circolo degli Amici - i pagamenti possono essere effettuati presso la società bancaria J.H. Stein, Colonia (Conto di compensazione della Banca del Reich, Conto corrente postale n. 1392) sul conto speciale S.

Heil Hitler!

(Firmato) Kurt Baron von Sehroder (Firmato) Steinbrinck[163]

Questa lettera spiega anche perché il colonnello dell'esercito americano Bogdan, ex della Schroder Banking Corporation di New York, era ansioso di distogliere l'attenzione degli investigatori dell'esercito americano del dopoguerra dalla J. H. Stein Bank di Colonia alle *"banche più grandi"* della Germania nazista. Era la Stein Bank a custodire i segreti delle associazioni delle filiali americane con le autorità naziste mentre era in corso la Seconda Guerra Mondiale. Gli interessi finanziari di New York non potevano conoscere la natura precisa di queste transazioni (e in particolare la natura di eventuali registrazioni tenute dai loro associati tedeschi), ma sapevano che poteva esistere *una qualche* registrazione dei loro rapporti in tempo di guerra, sufficiente a metterli in imbarazzo con l'opinione pubblica americana. È questa possibilità che il colonnello Bogdan cercò di scongiurare senza successo.

La General Electric tedesca trasse grandi vantaggi dalla sua associazione con Himmler e altri importanti nazisti. Diversi membri della cricca di Schroder erano direttori della A.E.G., il più importante dei quali era Robert Pferdmenges, che non solo era un membro dei circoli Keppler o Himmler, ma era anche socio della casa bancaria arianizzata Pferdmenges & Company, il successore della precedente casa bancaria ebraica Sal Oppenheim di Colonia.

---

[163] *NMT,* Volume VII, pag. 238. "Traduzione del documento N1-10103, Reperto dell'accusa 788". Lettera di von Schroder e dell'imputato Steinbrinck al Dr. Meyer, funzionario della Dresdner Bank, del 25 febbraio 1936, in cui si comunicava che il Circolo degli Amici avrebbe messo a disposizione di Himmler dei fondi "per determinati compiti al di fuori del bilancio" e che aveva istituito un "conto speciale a tale scopo".

Waldemar von Oppenheim ottenne la dubbia distinzione (per un ebreo tedesco) di "ariano *onorario*" e poté continuare la sua vecchia casa bancaria sotto Hitler in partnership con Pferdmenges.

MEMBRI DELLA CERCHIA DI AMICI DI HIMMLER CHE ERANO ANCHE DIRETTORI DI IMPRESE AFFILIATE ALL'AMERICA:

	I.G. Farben	I.T.T.	A.E.G.	Standard Oil del New Jersey
KRANEFUSS, Fritz	X			
KEPPLER, Wilhelm	X			
SCHRODER, Kurt	X			
Von BUETEFISCH, Heinrich		X		
RASCHE, Dr. Karl	X			
FLICK, Friedrich	X		X	
LINDEMANN, Karl				X
SCHMIDT, Heinrich	X			
ROEHNERT, Kellmuth			X	
SCHMIDT, Kurt			X	
MEYER, Dr. Emil		X		
SCHMITZ, Hermann	X			

Pferdmenges era anche direttore della A.E.G. e usava la sua influenza nazista a buon fine.[164] Altri due direttori della German General Electric erano membri del Circolo degli Amici di Himmler e nel 1943 e 1944 versarono contributi in denaro al Sonder Konto S. Si tratta di:

Friedrich Flick   100.000 RM

Otto Steinbrinck (socio di Flick)   100.000 RM

Kurt Schmitt era presidente del consiglio di amministrazione di A.E.G. e membro del Circolo degli Amici di Himmler, ma il nome

---

[164] *Eliminazione delle risorse tedesche*, pag. 857.

di Schmitt non è registrato nell'elenco dei pagamenti per il 1943 o il 1944. Anche la Standard Oil of New Jersey contribuì in modo significativo al Conto speciale di Himmler attraverso la sua filiale tedesca interamente controllata (94%), la Deutsche-Amerikanische Gesellschaft (DAG). Nel 1943 e nel 1944 la DAG contribuì come segue:

Staatsrat Helfferich di Deutsch-Amerikanische Petroleum A.G.	10.000 RM
Staatsrat Lindemann della Deutsch-Amerikanische Petroleum A.G.	10.000 RM
e personalmente	4.000 RM

È importante notare che lo Staatsrat Lindemann ha contribuito *personalmente* con 4.000 RM, facendo così una chiara distinzione tra il contributo aziendale di 10.000 RM della filiale interamente controllata dalla Standard Oil of New Jersey e il contributo personale del direttore Lindemann. Nel caso dello Staatsrat Hellfrich, l'unico contributo è stato quello della Standard Oil di 10.000 RM; non è stata registrata alcuna donazione personale.

La I.G. Farben, società madre dell'American I.G. (si veda il Capitolo 2), fu un altro importante contributore del Sonder Konto S di Heinrich Himmler: Karl Rasehe, Fritz Kranefuss, Heinrich Schmidt e Heinrich Buetefisch. Karl Rasche era un membro del comitato direttivo della Dresdner Bank e uno specialista di diritto internazionale e bancario. Sotto Hitler Karl Rasche divenne un importante direttore di molte società tedesche, tra cui la Accumulatoren-Fabrik A.G. di Berlino, che finanziò Hitler, la Metallgesellschaft e la Felten & Guilleame, una società I.T.T.. Fritz Kranefuss era membro del consiglio di amministrazione della Dresdner Bank e direttore di diverse società oltre alla I.G. Farben. Kranefuss, nipote di Wilhelm Keppler, era un avvocato e un personaggio di spicco in molte organizzazioni pubbliche naziste. Heinrich Schmidt, direttore della I.G. Farben e di diverse altre società tedesche, era anche direttore della Dresdner Bank.

È importante notare che tutti e tre i suddetti - Rasche, Kranefuss e Schmidt - erano direttori di una filiale della I.G. Farben, la Braunkohle-Benzin A.G. - produttrice di benzina sintetica tedesca che utilizzava la tecnologia della Standard Oil, risultato degli accordi I.G. Farben-Standard Oil dei primi anni Trenta. In breve, l'élite finanziaria di Wall Street era ben rappresentata sia nel primo Circolo Keppler che nel successivo Circolo Himmler.[165]

---

[165] La natura significativa di questa rappresentanza si riflette nel grafico 8-1, "Rappresentanza di Wall Street nei circoli Keppler e Himmler, 1933 e 1944".

Capitolo 10

Il mito di "Sidney Warburg ".

Una questione vitale, solo in parte risolta, è la misura in cui l'ascesa al potere di Hitler nel 1933 fu aiutata *direttamente* dai finanzieri di Wall Street. Abbiamo dimostrato, con prove documentali originali, che c'è stata una partecipazione e un sostegno americano *indiretto* attraverso imprese affiliate tedesche e (come ad esempio nel caso della I.T.T.) c'è stato uno sforzo consapevole e deliberato per trarre vantaggio dal sostegno del regime nazista. Questo finanziamento indiretto è stato esteso al finanziamento diretto?

Dopo la conquista del potere da parte di Hitler, le imprese e gli individui statunitensi lavorarono per conto del nazismo e certamente trassero profitto dallo Stato nazista. Dai diari di William Dodd, ambasciatore americano in Germania, sappiamo che nel 1933 un flusso di banchieri e industriali di Wall Street passò dall'ambasciata americana a Berlino, esprimendo la propria ammirazione per Adolf Hitler - e ansiosi di trovare il modo di fare affari con il nuovo regime totalitario. Ad esempio, il 1° settembre 1933 Dodd registrò che Henry Mann della National City Bank e Winthrop W. Aldrich della Chase Bank avevano incontrato Hitler e che "questi banchieri ritengono di poter lavorare con lui".[166] Ivy Lee, l'agente di pubbliche relazioni dei Rockefeller, secondo Dodd "si è mostrato allo stesso tempo un capitalista e un sostenitore del fascismo".[167]

Così almeno possiamo individuare una risposta simpatica alla nuova dittatura nazista, che ricorda il modo in cui i banchieri internazionali di Wall Street accolsero la nuova Russia di Lenin e Trotsky nel

---

[166] William E. Dodd, *Diario dell'ambasciatore Dodd, op.* cit., p. 31.

[167] Ibidem, p. 74.

1917.

Chi era "Sidney Warburg"?

La questione posta in questo capitolo è l'accusa che alcuni finanzieri di Wall Street (sono stati accusati in particolare i Rockefeller e i Warburg) abbiano direttamente pianificato e finanziato la presa di potere di Hitler nel 1933, e che lo abbiano fatto da Wall Street. A questo proposito è rilevante il cosiddetto mito di "Sidney Warburg". L'importante nazista Franz von Papen ha dichiarato nelle sue *Memorie*[168]:

> *... il resoconto più documentato dell'improvvisa acquisizione di fondi da parte dei nazionalsocialisti è contenuto in un libro pubblicato in Olanda nel 1933, dalla vecchia casa editrice di Amsterdam Van Holkema & Warendorf, intitolato De Geldbronnen van Het Nationaal-Socialisme (Drie Gesprekken Met Hitler) con il nome di "Sidney Warburg".*

Un libro con questo titolo in olandese di "Sidney Warburg" fu effettivamente pubblicato nel 1933, ma rimase sulle bancarelle dei libri in Olanda solo per pochi giorni. Il libro fu eliminato.[169] Una

---

[168] Franz von Papen, *Memoirs*, (New York: E.P. Dutton & Co., 1953), pag. 229.

[169] Il testo inglese di questo capitolo è stato tradotto da una traduzione tedesca autentica superstite di una copia dell'edizione olandese di *De Geldbronnen van Het Nationaal-Socialisme (Drie Gesprekken Met Hitler)*, ovvero *Le fonti finanziarie del nazionalsocialismo (Tre conversazioni con Hitler)*. L'autore originale olandese è indicato come "Door Sidney Warburg, vertaald door I.G. Shoup" (Da Sidney Warburg, come raccontato da I.G. Shoup).

La copia qui utilizzata è stata tradotta dall'olandese dal Dr. Walter Nelz, Wilhelm Peter e Rene Sonderegger a Zurigo, l'11 febbraio 1947, e la traduzione tedesca reca una dichiarazione giurata secondo cui: "I tre testimoni sottoscritti confermano che il documento allegato non è altro che una traduzione fedele e letterale dall'olandese al tedesco del libro di Sidney Warburg, una copia del quale era costantemente a loro disposizione durante l'intero processo di traduzione. Essi attestano di aver tenuto in mano l'originale e di averlo letto al

delle tre copie originali sopravvissute è stata tradotta in inglese. La traduzione è stata depositata al British Museum, ma ora è stata ritirata dalla circolazione pubblica e non è disponibile per la ricerca. Non si sa nulla della copia originale olandese su cui si è basata la traduzione inglese.

La seconda copia olandese era di proprietà del cancelliere Schussnigg in Austria e non si sa dove si trovi attualmente. La terza copia olandese arrivò in Svizzera e fu tradotta in tedesco. La traduzione tedesca è giunta fino a noi nel Schweizerischen Sozialarchiv di Zurigo, in Svizzera. Una copia autenticata della traduzione tedesca di questo sopravvissuto svizzero è stata acquistata dall'autore nel 1971 e tradotta in inglese. È su questa traduzione inglese della traduzione tedesca che si basa il testo di questo capitolo.

La pubblicazione del libro "Sidney Warburg" è stata debitamente riportata dal *New York Times* (24 novembre 1933) con il titolo "Hoax on Nazis Feared". In un breve articolo si legge che un pamphlet "Sidney Warburg" è apparso in Olanda e che l'autore non è il figlio di Felix Warburg. Il traduttore è J. G. Shoup, un giornalista belga che vive in Olanda. Gli editori e Shoup "si chiedono se non siano stati vittime di un imbroglio". Il resoconto *del Times* aggiunge:

> *L'opuscolo ripete una vecchia storia secondo la quale importanti americani, tra cui John D. Rockefeller, avrebbero finanziato Hitler tra il 1929 e il 1932 per 32.000.000 di dollari, con l'obiettivo di "liberare la Germania dalla morsa finanziaria della Francia, provocando una rivoluzione".*

Perché l'originale olandese fu ritirato dalla circolazione nel 1933? Perché "Sidney Warburg" non esisteva e un "Sidney Warburg" è stato rivendicato come autore. Dal 1933 il libro "Sidney Warburg"

---

meglio delle loro possibilità, frase per frase, traducendolo in tedesco e confrontando poi il contenuto della traduzione allegata con l'originale in modo coscienzioso fino al raggiungimento di un accordo completo".

è stato promosso da varie parti sia come falso che come documento autentico. La stessa famiglia Warburg si è prodigata per dimostrarne la falsità.

Cosa riporta il libro? Cosa sostiene il libro che sia accaduto in Germania nei primi anni Trenta? E questi eventi hanno una qualche somiglianza con fatti che sappiamo essere veri da altre prove?

Dal punto di vista della metodologia di ricerca è molto più preferibile assumere che il libro "Sidney Warburg" *sia* un falso, a meno che non si possa dimostrare il contrario. Questa è la procedura che adotteremo. Il lettore potrebbe chiedersi: perché preoccuparsi di esaminare da vicino un possibile falso? Ci sono almeno due buone ragioni, oltre alla curiosità accademica.

In primo luogo, l'affermazione dei Warburg secondo cui il libro è un falso ha un curioso e vitale difetto. I Warburg negano come falso un libro che ammettono di non aver letto e nemmeno visto. La smentita dei Warburg si limita specificamente alla non paternità di un Warburg. Questa negazione è accettabile, ma non nega o rifiuta la validità del *contenuto*. La negazione si limita a ripudiare la paternità.

In secondo luogo, abbiamo già identificato la I.G. Farben come finanziatore e finanziatore chiave di Hitler. Abbiamo fornito le prove fotografiche (pagina 64) della distinta di bonifico di 400.000 marchi dalla I.G. Farben al conto del fondo politico *"Nationale Treuhand"* di Hitler, amministrato da Rudolf Hess. Ora è probabile, quasi certo, che "Sidney Warburg" non sia esistito. D'altra parte, *è* un fatto di pubblico dominio che i Warburg erano strettamente legati alla I.G. Farben in Germania e negli Stati Uniti. In Germania Max Warburg era direttore della I.G. Farben e negli Stati Uniti il fratello Paul Warburg (padre di James Paul Warburg) era direttore della I.G. Farben americana. In breve, abbiamo prove inconfutabili che *alcuni* Warburg, tra cui il padre di James Paul, il denunciatore del libro "Sidney Warburg", *erano* direttori della I.G. Farben. E si sa che la I.G. Farben ha finanziato Hitler. *"Sidney* Warburg" era un mito, ma i direttori della I.G. Farben Max Warburg e Paul Warburg non erano un mito. Questo è un motivo sufficiente per spingersi oltre.

Riassumiamo innanzitutto il libro che James Paul Warburg sostiene essere un falso.

Una sinossi del libro "Sidney Warburg" soppresso

The Financial Sources of National Socialism si apre con una presunta conversazione tra "Sidney Warburg" e l'autore/traduttore I. G. Shoup. "Warburg" racconta perché stava consegnando a Shoup un manoscritto in inglese da tradurre in olandese e pubblicare in Olanda Nelle parole del mitico "Sidney Warburg":

> *Ci sono momenti in cui vorrei allontanarmi da un mondo di tali intrighi, inganni, truffe e manomissioni della borsa... Sapete cosa non riesco mai a capire? Come sia possibile che persone di buona e onesta reputazione - di cui ho ampie prove - partecipino a truffe e frodi, ben sapendo che ne risentiranno migliaia di persone.*

Shoup descrive poi "Sidney Warburg" come "figlio di uno dei maggiori banchieri degli Stati Uniti, membro della società bancaria Kuhn, Loeb & Co. di New York". "Sidney Warburg" dice poi a Shoup che lui ("Warburg") vuole registrare per la storia come il nazionalsocialismo sia stato finanziato dai finanzieri di New York.

La prima sezione del libro è intitolata semplicemente *"1929"*. Racconta che nel 1929 Wall Street aveva enormi crediti in sospeso nei confronti di Germania e Austria e che questi crediti erano stati, per la maggior parte, congelati. Se da un lato la Francia era economicamente debole e temeva la Germania, dall'altro la Francia riceveva la "parte del leone" dei fondi di riparazione che in realtà erano finanziati dagli Stati Uniti. Nel giugno del 1929 si tenne una riunione tra i membri della Federal Reserve Bank e i principali banchieri americani per decidere come comportarsi nei confronti della Francia e, in particolare, per rispondere alla sua richiesta di riparazioni tedesche. A questa riunione parteciparono (secondo il libro "Warburg") i direttori della Guaranty Trust Company, i "presidenti" delle Federal Reserve Banks, oltre a cinque banchieri indipendenti, "il giovane Rockefeller" e Glean della Royal Dutch Shell. Carter e Rockefeller, secondo il testo, "dominarono i lavori.

Gli altri ascoltavano e annuivano".

Il consenso generale alla riunione dei banchieri era che l'unico modo per liberare la Germania dalle grinfie finanziarie francesi era la rivoluzione, comunista o nazionalista tedesca. In una riunione precedente era stato deciso di contattare Hitler per "cercare di capire se fosse disposto a ricevere il sostegno finanziario americano". Ora Rockefeller avrebbe visto di recente un opuscolo tedesco-americano sul movimento nazionalsocialista hitleriano e lo scopo di questo secondo incontro era quello di stabilire se "Sidney Warburg" fosse disposto a recarsi in Germania come corriere per stabilire un contatto personale con Hitler.

In cambio del sostegno finanziario preferito, ci si aspettava che Hitler conducesse una "politica estera aggressiva e fomentasse l'idea di vendetta contro la Francia". Questa politica, si prevedeva, avrebbe portato a un appello francese agli Stati Uniti e all'Inghilterra per ottenere assistenza nelle "questioni internazionali che coinvolgono l'eventuale aggressione tedesca". Hitler non doveva conoscere lo scopo dell'assistenza di Wall Street. Sarebbe stato lasciato "alla sua ragione e alla sua intraprendenza scoprire i motivi dietro la proposta". "Warburg" accettò la missione proposta e lasciò New York per Cherbourg, sull'*Ile de France*, "con un passaporto diplomatico e lettere di raccomandazione di Carter, Tommy Walker, Rockefeller, Glean e Herbert Hoover".

A quanto pare, "Sidney Warburg" ebbe qualche difficoltà a incontrare Hitler. Il console americano a Monaco non riuscì a mettersi in contatto con i nazisti, e alla fine Warburg si rivolse direttamente al sindaco di Monaco Deutzberg, "con una raccomandazione del console americano" e la richiesta di guidare Warburg da Hitler. Shoup presenta poi alcuni estratti delle dichiarazioni di Hitler in questo primo incontro. Questi estratti includono i soliti sproloqui antisemiti hitleriani e va notato che tutte le parti antisemite del libro "Sidney Warburg" sono pronunciate da Hitler. (Questo è importante perché James Paul Warburg sostiene che il libro di Shoup è totalmente antisemita). In questo incontro si discusse del finanziamento dei nazisti e Hitler avrebbe insistito sul fatto che i fondi non potevano essere depositati in una banca tedesca, ma solo in una banca estera a sua disposizione. Hitler chiese 100 milioni di marchi e suggerì che "Sidney Warburg" riferisse sulla reazione di Wall Street attraverso von Heydt a Lutzowufer, 18 Berlino.[170]

Dopo aver fatto rapporto a Wall Street, Warburg apprese che 24 milioni di dollari erano troppi per i banchieri americani, che offrirono 10 milioni di dollari. Warburg contattò von Heydt e fu organizzato un altro incontro, questa volta con un "uomo dall'aspetto *indistinto*, presentatomi con il nome di Frey". Furono date istruzioni di mettere a disposizione 10 milioni di dollari presso la Mendelsohn & Co. Bank di Amsterdam, in Olanda. Warburg doveva chiedere alla Banca Mendelsohn di emettere assegni in marchi pagabili a nomi nazisti in dieci città tedesche.

Successivamente, Warburg si recò ad Amsterdam, completò la sua missione con Mendelsohn & Co. quindi si recò a Southampton, in Inghilterra, e riprese l'*Olympia* per New York, dove fece rapporto a Carter presso la Guaranty Trust Company. Due giorni dopo Warburg presentò il suo rapporto all'intero gruppo di Wall Street, ma "questa volta c'era un rappresentante inglese seduto accanto a Glean della Royal Dutch, un uomo di nome Angell, uno dei capi della Asiatic Petroleum Co". Warburg fu interrogato su Hitler e "Rockefeller mostrò un interesse insolito per le dichiarazioni di Hitler sui comunisti".

Poche settimane dopo il ritorno di Warburg dall'Europa, i giornali di Hearst mostrarono un "insolito interesse" per il nuovo partito nazista tedesco e persino il *New York Times* pubblicò regolarmente brevi resoconti dei discorsi di Hitler. In precedenza questi giornali non avevano mostrato troppo interesse, ma ora le cose

---

[170] Si noti che "von Heydt" era il nome originale della Dutch Bank voor Handel en Seheepvaart N.V., una sussidiaria degli interessi Thyssen e ora nota per essere stata usata come imbuto per i fondi nazisti. Vedi *Eliminazione delle risorse tedesche.*

cambiarono.[171] Inoltre, nel dicembre 1929 apparve "in una pubblicazione mensile dell'Università di Harvard" uno studio lungo sul movimento nazionalsocialista tedesco.

La parte II del soppresso "Financial Sources of National Socialism" è intitolata "1931" e si apre con una discussione sull'influenza francese sulla politica internazionale. Vi si legge che Herbert Hoover promise a Pierre Laval di non risolvere la questione del debito senza prima consultare il governo francese e [scrive Shoup]:

> *Quando Wall Street lo scoprì, Hoover perse in un sol colpo il rispetto di questa cerchia. Anche le elezioni successive ne risentirono: molti ritengono che la mancata rielezione di Hoover sia da ricondurre a questo problema.*[172]

Nell'ottobre del *1931*, Warburg ricevette una lettera da Hitler che trasmise a Carter della Guaranty Trust Company e successivamente fu convocata un'altra riunione di banchieri presso gli uffici della Guaranty Trust Company. In questa riunione i pareri erano discordi. "Sidney Warburg" riferì che Rockefeller, Carter e McBean erano a favore di Hitler, mentre gli altri finanzieri erano incerti. Montague Norman della Banca d'Inghilterra e Glean della Royal Dutch Shell sostennero che i 10 milioni di dollari già spesi per Hitler erano troppi e che Hitler non avrebbe mai agito. Alla fine la riunione si accordò in linea di principio per aiutare ulteriormente Hitler, e Warburg

---

[171] L'esame dell'indice del *New York Times* conferma l'accuratezza dell'ultima parte di questa affermazione. Si veda ad esempio l'improvvisa ondata di interesse del *New York Times del* 15 settembre 1930 e l'articolo su "Hitler, Driving Force in Germany's Fascism" nel numero del 21 settembre 1930 del *New York Times*. Nel 1929 il *New York Times* aveva pubblicato solo un breve articolo su Adolf Hitler. Nel 1931 ha pubblicato una ventina di voci sostanziali, tra cui non meno di tre "Ritratti".

[172] Hoover disse di aver perso l'appoggio di Wall Street nel 1931 perché non aveva accettato il suo piano per un New Deal: cfr. Antony C. Sutton, *Wall Street and FDR, op. cit.*

intraprese nuovamente un incarico di corriere e tornò in Germania.

Durante questo viaggio Warburg avrebbe discusso di affari tedeschi con "un banchiere ebreo" di Amburgo, con un magnate dell'industria e con altri sostenitori di Hitler. Un incontro avvenne con il banchiere von Heydt e un "Luetgebrunn". Quest'ultimo affermò che le truppe d'assalto naziste erano equipaggiate in modo incompleto e che le S.S. avevano bisogno di mitragliatrici, revolver e carabine.

Nel successivo incontro Warburg-Hitler, Hitler sostenne che "i sovietici non possono ancora perdere i nostri prodotti industriali. Noi daremo credito e se non sarò in grado di sgonfiare la Francia da solo, i sovietici mi aiuteranno". Hitler disse di avere due piani per l'acquisizione della Germania: (a) il piano della rivoluzione e (b) il piano dell'acquisizione legale. Il primo piano sarebbe stato una questione di tre mesi, il secondo di tre anni. Hitler fu citato mentre diceva: "La rivoluzione costa cinquecento milioni di marchi, l'acquisizione legale costa duecento milioni di marchi - cosa decideranno i vostri banchieri?". Dopo cinque giorni arrivò a Warburg un cablogramma della Guaranty Trust, citato nel libro come segue:

> *Gli importi suggeriti sono fuori discussione. Non vogliamo e non possiamo. Spiegate all'uomo che un simile trasferimento all'Europa manderà in frantumi il mercato finanziario. Assolutamente sconosciuto sul territorio internazionale. Aspettatevi un lungo rapporto, prima che venga presa una decisione. Rimanere lì. Continuare le indagini. Convincere l'uomo delle richieste impossibili. Non dimenticate di includere nel rapporto la vostra opinione sulle possibilità per il futuro dell'uomo.*

Warburg trasmise il suo rapporto a New York e tre giorni dopo ricevette un secondo cablogramma in cui si leggeva:

> *Rapporto ricevuto. Prepararsi a consegnare dieci, massimo quindici milioni di dollari. Avvisare l'uomo*

della necessità di aggredire il pericolo straniero.

I 15 milioni di dollari furono accettati per la strada dell'acquisizione legale, non per il piano rivoluzionario. Il denaro fu trasferito da Wall Street a Hitler tramite Warburg nel modo seguente: 5 milioni di dollari da versare alla Mendelsohn & Company di Amsterdam, 5 milioni di dollari alla Rotterdamsehe Bankvereinigung di Rotterdam e 5 milioni di dollari alla "Banca Italiana".

Warburg si recò in ognuna di queste banche, dove avrebbe incontrato Heydt, Strasser e Hermann Goering. I gruppi si accordarono affinché le guance venissero intestate a nomi diversi in varie città della Germania. In altre parole, i fondi furono "riciclati" secondo la tradizione moderna per nascondere le loro origini a Wall Street. In Italia il gruppo di pagamento sarebbe stato ricevuto nell'edificio principale della banca dal suo presidente e mentre aspettava nel suo ufficio due fascisti italiani, Rossi e Balbo, furono presentati a Warburg, Heydt, Strasser e Goering. Tre giorni dopo il pagamento, Warburg tornò a New York da Genova con il *Savoya*.

Anche in questo caso, egli riferiva a Carter, Rockefeller e agli altri banchieri.

La terza sezione di "Fonti finanziarie del nazionalsocialismo" è intitolata semplicemente "1933". La sezione riporta il terzo e ultimo incontro di "Sidney Warburg" con Hitler, la notte in cui fu bruciato il Reichstag. (Abbiamo notato nel capitolo 8 la presenza dell'amico di Roosevelt Putzi Hanfstaengl nel Reichstag). In questo incontro Hitler informò Warburg dei progressi dei nazisti verso la presa di potere legale. Dal 1931 il partito nazionalsocialista era triplicato. Nei pressi del confine tedesco, in Belgio, Olanda e Austria, erano stati effettuati ingenti depositi di armi, che però richiedevano pagamenti in contanti prima della consegna. Hitler chiese un minimo di 100 milioni di marchi per occuparsi della fase finale del programma di acquisizione. La Guaranty Trust telegrafò a Warburg un'offerta di 7 milioni di dollari al massimo, da versare come segue: 2 milioni di dollari alla Renania Joint Stock Company di Dusseldorf (la filiale tedesca della Royal Dutch) e 5 milioni di dollari ad altre banche. Warburg riferì questa offerta a Hitler, che chiese che i 5 milioni di dollari fossero inviati alla Banca Italiana a Roma e che (sebbene il rapporto non lo dica) presumibilmente gli altri 2 milioni di dollari fossero pagati a Dusseldorf. Il libro si conclude con la seguente dichiarazione di Warburg:

> *Ho portato a termine il mio incarico con rigore fino all'ultimo dettaglio. Hitler è il dittatore del più grande paese europeo. Il mondo lo ha osservato all'opera per diversi mesi. La mia opinione su di lui non significa nulla ora. Le sue azioni dimostreranno se è cattivo, e io credo che lo sia. Per il bene del popolo tedesco spero in cuor mio di sbagliarmi. Il mondo continua a soffrire sotto un sistema che deve inchinarsi a un Hitler per mantenersi in piedi. Povero mondo, povera umanità.*

Questa è una sinossi del libro soppresso di "Sidney Warburg" sulle origini finanziarie del nazionalsocialismo in Germania. Alcune delle informazioni contenute nel libro sono oggi di dominio pubblico, anche se solo una parte era generalmente nota all'inizio degli anni Trenta. È straordinario notare che l'autore sconosciuto aveva accesso a informazioni che sono emerse solo molti anni dopo - ad esempio, l'identità della banca von Heydt come tramite finanziario di Hitler. Perché il libro fu ritirato dalle librerie e soppresso? Il motivo dichiarato per il ritiro era che "Sidney Warburg" non esisteva, che il libro era un falso e che la famiglia Warburg sosteneva che contenesse dichiarazioni antisemite e diffamatorie.

Le informazioni contenute nel libro sono state riprese dopo la Seconda Guerra Mondiale e pubblicate in altri libri in un contesto antisemita che non esiste nel libro originale del 1933. Due di questi libri del dopoguerra furono *Spanischer Sommer* di Rene Sonderegger e *Liebet Eure Feinde* di Werner Zimmerman.

Soprattutto James P. Warburg di New York firmò una dichiarazione giurata nel 1949, che fu pubblicata come appendice nelle *Memorie* di von Papen. Purtroppo, James P. Warburg si concentra sul libro antisemita di Sonderegger *Spanischer Sommer* del 1947 e non sul libro originale soppresso "Sidney Warburg", pubblicato nel 1933, dove l'unico antisemitismo deriva dalle presunte dichiarazioni di

Hitler.

In altre parole, l'affidavit di Warburg ha sollevato molte più questioni di quante ne abbia risolte. Dobbiamo quindi considerare l'affidavit di Warburg del 1949 che nega l'autenticità di *Financial Sources of National Socialism*.

Dichiarazione giurata di James Paul Warburg

Nel 1953 il nazista Franz von Papen pubblicò le sue *Memorie*. [173]Si tratta dello stesso Franz von Papen che era stato attivo negli Stati Uniti per conto dello spionaggio tedesco durante la Prima Guerra Mondiale. Nelle sue *Memorie*, Franz von Papen discute la questione del finanziamento di Hitler e attribuisce la colpa all'industriale Fritz Thyssen e al banchiere Kurt von Sehroder. Papen nega di aver finanziato Hitler, e in effetti non sono emerse prove credibili che colleghino von Papen ai fondi di Hitler (anche se Zimmerman in *Liebert Eure Feinde* accusa Papen di aver donato 14 milioni di marchi). In questo contesto von Papen cita "*Le fonti finanziarie del nazionalsocialismo*" di Sidney Warburg, insieme ai due libri più recenti del secondo dopoguerra di Werner Zimmerman e Rene Sonderegger (alias Severin Reinhardt).[174] Papen aggiunge che:

> *James P. Warburg è in grado di confutare l'intera falsificazione nella sua dichiarazione giurata... Da parte mia sono molto grato al signor Warburg per aver eliminato una volta per tutte questa calunnia maligna. È quasi impossibile confutare accuse di questo tipo con una semplice negazione, e la sua autorevole smentita mi ha*

---

[173] Franz von Papen, *Memorie*, (New York: E.P. Dutton & Co., Inc., 1958). Traduzione di Brian Connell.

[174] Werner Zimmerman, *Liebet Eure Feinde*, (Frankhauser Verlag: Thielle-Neuchatel, 1948), che contiene un capitolo, "Hitler's geheime Geldgeber" (I sostenitori finanziari segreti di Hitler) e Rene Sonderegger, *Spanischer Sommer*, (Afroltern, Svizzera: Aehren Verlag, 1948).

permesso di dare corpo alle mie stesse proteste.[175]

L'Appendice II del libro di Papen è composta da due sezioni. La prima è una dichiarazione di James P. Warburg; la seconda è la dichiarazione giurata, datata 15 luglio 1949.

Il paragrafo iniziale della dichiarazione riporta che nel 1933 la casa editrice olandese Holkema e Warendorf pubblicò *De Geldbronnen van Het Nationaal-Socialisme. Drie Gesprekken Met Hitler,* e aggiunge che,

> *Questo libro sarebbe stato scritto da "Sidney Warburg". Un socio dello studio Warburg & Co. di Amsterdam informò James P. Warburg del libro e Holkema e Warendorf furono informati dell'inesistenza di "Sidney Warburg". A quel punto ritirarono il libro dalla circolazione.*

James Warburg fa poi due affermazioni sequenziali e apparentemente contraddittorie:

> *... il libro conteneva una massa di materiale diffamatorio contro vari membri della mia famiglia e contro un certo numero di importanti istituti bancari e individui di New York - a tutt'oggi non ho mai visto una copia del libro. Pare che solo una manciata di copie sia sfuggita al ritiro dell'editore.*

Ora, da un lato Warburg dichiara di non aver mai visto una copia del libro "Sidney Warburg", dall'altro afferma che si tratta di una *"diffamazione"* e procede a costruire una dettagliata dichiarazione giurata frase per frase per confutare le informazioni che si suppone siano contenute in un libro che afferma di non aver visto! È molto difficile accettare la validità dell'affermazione di Warburg di non aver "mai visto una copia del libro". O se non l'ha fatto, la

---

[175] Franz von Papen, *Memorie, op.* cit., p. 23.

dichiarazione giurata non ha alcun valore.

James Warburg aggiunge che il libro "Sidney Warburg" è "evidente antisemitismo", e il senso della dichiarazione di Warburg è che la storia *di "Sidney* Warburg" è pura propaganda antisemita. In realtà (e Warburg avrebbe scoperto questo fatto se avesse letto il libro), le *uniche* affermazioni antisemite nel libro del 1933 sono quelle attribuite ad Adolf Hitler, i cui sentimenti antisemiti non sono certo una grande scoperta. A parte le farneticazioni di Hitler, nel libro originale di "Sidney Warburg" non c'è nulla di lontanamente collegato all'antisemitismo, a meno che non si considerino ebrei Rockefeller, Glean, Carter, McBean, *ecc. In effetti, è degno di nota il fatto che nel libro non venga nominato nemmeno un banchiere ebreo, fatta eccezione per il mitico "Sidney Warburg" che è un corriere, non uno dei presunti donatori di denaro.* Eppure sappiamo da una fonte autentica (l'ambasciatore Dodd) che il banchiere ebreo Eberhard von Oppenheim ha effettivamente dato 200.000 marchi a Hitler[176], ed è improbabile che a "Sidney Warburg" sia sfuggita questa osservazione se stava deliberatamente diffondendo una falsa propaganda antisemita.

La prima pagina della dichiarazione di James Warburg riguarda il libro del 1933. Dopo la prima pagina Warburg introduce Rene Sonderegger e un altro libro scritto nel 1947. Un'attenta analisi della dichiarazione e dell'affidavit di Warburg evidenzia che le sue negazioni e affermazioni si riferiscono essenzialmente a Sonderegger e *non* a Sidney Warburg. Ora, Sonderegger era antisemita e probabilmente faceva parte di un movimento neonazista dopo la Seconda Guerra Mondiale, ma questa affermazione di antisemitismo non può essere attribuita al libro del 1933 - e questo è il nocciolo della questione. In breve, James Paul Warburg inizia affermando di discutere un libro che non ha mai visto ma che sa essere diffamatorio e antisemita, poi senza preavviso sposta l'accusa su un altro libro certamente antisemita ma pubblicato un decennio dopo. In questo modo, l'affidavit di Warburg confonde talmente tanto i due libri che il lettore è portato a condannare il mitico "Sidney

---

[176] William E. Dodd, *Ambassador Dodd,s Diary*, op. cit. pp. 593-602.

Warburg" insieme a Sonderegger.[177] Vediamo alcune delle dichiarazioni di J.P. Warburg:

Dichiarazione giurata di James P. Warburg New York City, 15 luglio 1949
1. In merito alle affermazioni del tutto false e Nota che l'affidavit riguarda affermazioni maliziose fatte da Rene Sonderegger di Zurigo, Svizzera, *e altri*, come indicato nella parte precedente di questa dichiarazione, io, James Paul Warburg, di Greenwich, Connecticut, U.S.A., depongo come segue:

Commenti dell'autore sulla dichiarazione di James P. Warburg

2. La persona "Sidney Warburg" non esisteva a New York nel 1933, né altrove, per quanto ne so, né allora né mai.

Si noti che l'affidavit riguarda Rene Sonderegger, non il libro pubblicato da J.G. Shoup nel 1933.

3. Non ho mai consegnato alcun manoscritto, diario, appunti, cablogrammi o altri documenti ad alcuna persona perché li traducesse e li pubblicasse in Olanda e, in particolare, non ho mai consegnato tali documenti al presunto J.G. Shoup di Anversa. Per quanto ne so e ricordo, non ho mai incontrato questa persona.

Possiamo supporre che il nome "Sidney Warburg" sia uno pseudonimo, o che sia stato usato falsamente.

4. La conversazione telefonica tra me e Roger Baldwin, riportata da Sonderegger, non ha mai avuto luogo ed è pura invenzione.

L'affidavit si limita alla concessione di materiali "per la traduzione e la pubblicazione in Olanda".

5. Non mi sono recato in Germania su richiesta del Presidente della Guaranty Trust Company nel 1929, né in nessun altro momento.

Riportato da Sonderegger, non da "Sidney Warburg".

Ma Warburg si recò in Germania nel 1929 e nel 1930 per la International Acceptance Bank, Inc.

---

[177] Il lettore dovrebbe esaminare la dichiarazione e l'affidavit completi di Warburg; si veda Franz von Papen, *Memoirs, op. cit.* pp. 593-602.

6. Mi sono recato in Germania per affari per conto della mia banca, la International Acceptance Bank Inc. di New York, sia nel 1929 che nel 1930. In nessuna di queste occasioni ho avuto a che fare con l'indagine sulla possibile prevenzione di una rivoluzione comunista in Germania attraverso la promozione di una controrivoluzione nazista. Sono in grado di dimostrare che, al mio ritorno dalla Germania dopo le elezioni del Reichstag del 1930, avvertii i miei collaboratori che Hitler avrebbe molto probabilmente preso il potere in Germania e che il risultato sarebbe stato o un'Europa dominata dai nazisti o una seconda guerra mondiale - forse entrambe le cose. Ciò può essere confermato, così come il fatto che, in seguito al mio avvertimento, la mia banca procedette a ridurre il più rapidamente possibile i suoi impegni in Germania.

7. Non ho mai discusso con Hitler, con funzionari nazisti o con chiunque altro in merito alla fornitura di fondi per il Partito nazista. In particolare, non ho avuto rapporti di questo tipo con Mendelssohn & Co. o con la Rotterdamsche Bankvereiniging o con la Banca Italiana. (Quest'ultimo termine è probabilmente da intendersi come Banca d'Italia, con la quale non ho mai avuto rapporti di questo tipo).

Si noti che Warburg, per sua stessa dichiarazione, disse ai suoi soci bancari che Hitler sarebbe salito al potere. Questa affermazione fu fatta nel 1930 - e i Warburg continuarono ad essere direttori della I.G. Farben e di altre aziende filonaziste.

Non ci sono prove che contraddicano questa affermazione. Per quanto è possibile rintracciare, i Warburg non erano collegati a queste società bancarie, tranne che per il fatto che il corrispondente italiano della Bank of Manhattan di Warburg era la "Banca Commerciale Italiana", che è vicina alla "Banca Italiana".

8. Nel febbraio 1933 (si vedano le pagine 191 e 192 dello *Spanischer Sommer*), quando si sostiene che io abbia portato a Hitler l'ultima tranche di fondi americani e che sia stato ricevuto da Goering e Goebbels e da Hitler stesso, posso dimostrare che non ero affatto in Germania. Non ho mai messo piede in Germania dopo la salita al potere dei nazisti nel gennaio 1933. A gennaio e febbraio ero a New York e a Washington, per lavorare sia con la mia banca sia con il Presidente eletto Roosevelt sulla crisi bancaria di allora. Dopo l'insediamento di Roosevelt, il 3 marzo 1933, lavorai continuamente con lui per preparare l'agenda della Conferenza economica mondiale, alla quale fui inviato come consigliere finanziario all'inizio di giugno. Questo è un fatto di pubblico dominio.

Non ci sono prove che contraddicano queste affermazioni. "Sidney Warburg" non fornisce alcuna prova a sostegno delle sue affermazioni.

Si veda *Wall Street e FDR*, per i dettagli sulle associazioni tedesche di FDR.

9. Le dichiarazioni che precedono dovrebbero essere sufficienti a dimostrare che l'intero mito di "Sidney Warburg" e la successiva identificazione spuria di me stesso con l'inesistente "Sidney" sono invenzioni di maliziosa falsità senza il minimo fondamento di verità.

No. James P. Warburg dichiara di non aver mai visto il libro originale "Sidney Warburg" pubblicato in Olanda nel 1933. Pertanto, la sua dichiarazione giurata si riferisce solo al libro di Sonderegger, che è inesatto. Sidney Warburg può anche essere un mito, ma l'associazione di Max Warburg e Paul Warburg con la I.G. Farben e Hitler non è un mito.

James Warburg ha intenzione di ingannare?

È vero che "Sidney Warburg" potrebbe essere un'invenzione, nel senso che "Sidney Warburg" non è mai esistito. *Supponiamo che* il nome sia un falso, ma *qualcuno ha* scritto il libro. Zimmerman e Sonderegger possono aver commesso o meno una diffamazione nei confronti del nome Warburg, ma sfortunatamente quando esaminiamo la dichiarazione giurata di James P. Warburg, pubblicata nelle *Memorie* di von Papen, rimaniamo più che mai all'oscuro. Ci sono tre domande importanti e senza risposta: (1) perché James P. Warburg avrebbe dichiarato falso un libro che non ha letto; (2) perché la dichiarazione giurata di Warburg evita la domanda chiave e devia la discussione da "Sidney Warburg" al libro antisemita di Sonderegger pubblicato nel 1947; e (3) perché James P. Warburg sarebbe così insensibile al nome Warburg? Warburg sarebbe così insensibile alle sofferenze degli ebrei durante la Seconda Guerra Mondiale da pubblicare la sua dichiarazione giurata nelle *Memorie* di Franz von Papen, che era un nazista di spicco al centro del movimento Hitler fin dai primi giorni del 1933?

Non solo i Warburg tedeschi furono perseguitati da Hitler nel 1938, ma milioni di ebrei persero la vita a causa della barbarie nazista. Sembra elementare che chiunque abbia sofferto e sia stato sensibile alle sofferenze passate degli ebrei tedeschi eviti come la peste i nazisti, il nazismo e i libri neonazisti. Eppure, ecco che il nazista von Papen fa da geniale ospite letterario a James P. Warburg, autodefinitosi antinazista, che a quanto pare accoglie con piacere l'opportunità. Inoltre, i Warburg hanno avuto ampie possibilità di rilasciare una dichiarazione giurata di questo tipo con un'ampia pubblicità senza utilizzare i canali neonazisti.

Il lettore trarrà profitto dal riflettere su questa situazione. L'unica spiegazione logica è che alcuni dei fatti riportati nel libro "Sidney Warburg" sono veri, si avvicinano alla verità o sono imbarazzanti per James P. Warburg. Non si può dire che Warburg *abbia intenzione di* ingannare (anche se questa potrebbe sembrare una conclusione ovvia), perché gli uomini d'affari sono notoriamente scrittori e ragionatori illogici, e non c'è nulla che esoneri Warburg da questa categorizzazione.

Alcune conclusioni sulla storia di Sidney Warburg

"Sidney Warburg non è mai esistito; in questo senso il libro originale del 1933 è un'opera di fantasia. Tuttavia, molti dei fatti, allora poco noti, riportati nel libro, sono stati curati; e la dichiarazione giurata di James Warburg non è rivolta al libro originale, ma piuttosto a un libro antisemita diffuso oltre un decennio dopo.

Paul Warburg era un direttore della I.G. Farben americana e quindi collegato al finanziamento di Hitler. Max Warburg, direttore della tedesca I.G. Farben, firmò - insieme allo stesso Hitler - il documento che nominava Hjalmar Schacht alla Reichsbank. Questi collegamenti verificabili tra i Warburg e Hitler suggeriscono che la storia di "Sidney Warburg" non può essere abbandonata come un falso totale senza un attento esame.

Chi ha scritto il libro del 1933 e perché? I.G. Shoup sostiene che gli appunti furono scritti da un Warburg in Inghilterra e gli furono dati da tradurre. Il movente di Warburg sarebbe stato un autentico rimorso per il comportamento amorale dei Warburg e dei loro soci di Wall Street. Vi sembra un movente plausibile? Non è passato inosservato che quegli stessi uomini di Wall Street che tramano guerre e rivoluzioni sono spesso, nella loro vita privata, cittadini davvero rispettabili; non è fuori dal regno della ragione che uno di loro abbia avuto un cambiamento di cuore o un peso sulla coscienza. Ma questo non è provato.

Se il libro era un falso, allora da chi fu scritto? James War-burg ammette di non conoscere la risposta e scrive: "Lo scopo originario della falsificazione rimane in qualche modo oscuro ancora oggi.[178]

Un governo potrebbe falsificare il documento? Certamente non i governi britannico e statunitense, entrambi indirettamente coinvolti nel libro. Certamente non il governo nazista in Germania, anche se James Warburg sembra suggerire questa improbabile possibilità. Potrebbe essere la Francia, o l'Unione Sovietica, o forse l'Austria? La Francia, forse perché temeva l'ascesa della Germania nazista. L'Austria è una possibilità simile. L'Unione Sovietica è una possibilità perché anche i sovietici avevano molto da temere da Hitler. È quindi plausibile che la Francia, l'Austria o l'Unione Sovietica abbiano contribuito alla stesura del libro.

Qualsiasi privato cittadino che abbia falsificato un libro del genere senza materiale governativo interno deve essere notevolmente ben informato. Guaranty Trust non è una banca particolarmente nota al di fuori di New York, eppure c'è uno straordinario grado di plausibilità sul coinvolgimento di Guaranty Trust, perché era il veicolo Morgan usato per finanziare e infiltrare la rivoluzione

---

[178] Franz von Papen, *Memorie, op.* cit., p. 594.

bolscevica.[179] Chiunque abbia indicato Guaranty Trust come veicolo per il finanziamento di Hitler o sapeva molto di più dell'uomo della strada o disponeva di informazioni governative autentiche. Quale sarebbe il motivo dietro un libro del genere?

L'unico motivo che sembra accettabile è che l'ignoto autore fosse a conoscenza di una guerra in preparazione e sperasse in una reazione pubblica contro i fanatici di Wall Street e i loro amici industriali in Germania - prima che fosse troppo tardi. Chiaramente, *chiunque abbia* scritto il libro, il suo motivo era quasi certamente quello di mettere in guardia contro l'aggressione hitleriana e di indicarne l'origine a Wall Street, perché l'assistenza tecnica delle aziende americane controllate da Wall Street era ancora necessaria per costruire la macchina da guerra di Hitler. I brevetti di idrogenazione della Standard Oil e i finanziamenti per gli impianti di estrazione del petrolio dal carbone, i mirini per le bombe e le altre tecnologie necessarie non erano ancora stati trasferiti completamente quando fu scritto il libro "Sidney Warburg". Di conseguenza, questo potrebbe essere stato un libro progettato per spezzare la schiena dei sostenitori di Hitler all'estero, per inibire il trasferimento pianificato del potenziale bellico degli Stati Uniti e per eliminare il sostegno finanziario e diplomatico allo Stato nazista. Se questo era l'obiettivo, è deplorevole che il libro non sia riuscito a raggiungere nessuno di questi scopi.

---

[179] Si veda Antony C. Sutton, *Wall Street e la rivoluzione bolscevica*, op. cit.

Capitolo undici

La collaborazione tra Wall Street e i nazisti nella Seconda Guerra Mondiale

Dietro i fronti di battaglia della Seconda guerra mondiale, attraverso intermediari in Svizzera e in Nord Africa, l'élite finanziaria di New York ha collaborato con il regime nazista. I file catturati dopo la guerra hanno fornito una massa di prove che dimostrano che per alcuni elementi del Big Business, il periodo 1941-5 era "business as usual". Ad esempio, la corrispondenza tra le aziende statunitensi e le loro filiali francesi rivela l'aiuto fornito alla macchina militare dell'Asse, mentre gli Stati Uniti erano in guerra con la Germania e l'Italia. Le lettere tra la Ford francese e la Ford statunitense tra il 1940 e il luglio 1942 sono state analizzate dalla sezione di controllo dei fondi esteri del Dipartimento del Tesoro. Il loro rapporto iniziale concludeva che fino alla metà del 1942:

> *(1) l'attività delle filiali Ford in Francia è aumentata in modo sostanziale; (2) la loro produzione era esclusivamente a beneficio della Germania e dei Paesi sotto occupazione; (3) i tedeschi hanno "dimostrato chiaramente il loro desiderio di proteggere gli interessi della Ford" grazie all'atteggiamento di stretta neutralità mantenuto da Henry Ford e dal defunto Edsel Ford; e (4) l'aumento dell'attività delle filiali Ford francesi a favore dei tedeschi ha ricevuto l'elogio della famiglia Ford in America.[180]*

Allo stesso modo, la Rockefeller Chase Bank è stata accusata di aver collaborato con i nazisti nella Francia della Seconda Guerra

---

[180] *Diario di Morgenthau (Germania).*

Mondiale, mentre Nelson Rockefeller ha avuto un lavoro soft a Washington D.C.:

> *Un esame della corrispondenza tra Chase, New York, e Chase, Francia, dalla data della caduta della Francia al maggio 1942, rivela che: (1) il direttore dell'ufficio di Parigi si è adagiato e ha collaborato con i tedeschi per collocare le banche Chase in una "posizione privilegiata"; (2) i tedeschi tenevano la Chase Bank in una stima molto speciale - a causa delle attività internazionali della nostra sede centrale (Chase) e delle piacevoli relazioni che la filiale di Parigi ha mantenuto con molte delle loro banche (tedesche) e con le loro organizzazioni locali (tedesche) e i loro funzionari superiori; (3) il direttore di Parigi era "molto vigoroso nel far rispettare le restrizioni contro le proprietà ebraiche, arrivando persino a rifiutarsi di sbloccare i fondi appartenenti agli ebrei in previsione della pubblicazione, nel prossimo futuro, di un decreto con disposizioni retroattive che vietavano tale sblocco da parte delle autorità di occupazione"; (4) l'ufficio di New York, nonostante le informazioni di cui sopra, non prese provvedimenti diretti per rimuovere il direttore indesiderato dall'ufficio di Parigi, poiché "avrebbe potuto reagire contro i nostri interessi (di Chase), dato che abbiamo a che fare non con una teoria ma con una situazione".*[181]

Un rapporto ufficiale all'allora Segretario del Tesoro Morgenthau concludeva che:

> *Queste due situazioni [Ford e Chase Bank] ci convincono che è imperativo indagare immediatamente in loco sulle attività delle filiali di almeno alcune delle più grandi aziende americane che operavano in Francia*

---

[181] *Ibidem.*

durante l'occupazione tedesca.[182]

I funzionari del Tesoro sollecitarono l'avvio di un'indagine sulle filiali francesi di alcune banche americane, ovvero Chase, Morgan, National City, Guaranty, Bankers Trust e American Express. Sebbene Chase e Morgan fossero le uniche due banche a mantenere uffici francesi durante l'occupazione nazista, nel settembre 1944 tutte le principali banche di New York facevano pressione sul governo americano per ottenere il permesso di riaprire le filiali prebelliche.

Una successiva indagine del Tesoro ha prodotto prove documentali della collaborazione tra Chase Bank e J.P. Morgan con i nazisti durante la Seconda Guerra Mondiale. La raccomandazione di un'indagine completa è citata per intero come segue:

COMUNICAZIONE TRA UFFICI DEL DIPARTIMENTO DI TESORERIA

Data: 20 dicembre 1944

A: Segretario Morgenthau Da: Signor Saxon

L'esame dei registri della Chase Bank, Parigi, e della Morgan and Company, Francia, ha permesso solo di trarre conclusioni provvisorie e di rivelare alcuni fatti interessanti:

BANCA CHASE, PARIGI

a. Niederman, di nazionalità svizzera, direttore di Chase, Parigi, era indiscutibilmente un collaboratore;

b. La sede centrale della Chase a New York fu informata della politica collaborazionista di Nieder-man, ma non prese alcun provvedimento per rimuoverlo. Anzi, ci sono ampie prove che

---

[182] *Ibidem.*

dimostrano che la sede centrale di New York considerava le buone relazioni di Niederman con i tedeschi come un ottimo mezzo per preservare, senza danni, la posizione della Chase Bank in Francia;

c. Le autorità tedesche erano ansiose di mantenere aperto l'Inseguimento e in effetti adottarono misure eccezionali per fornire fonti di reddito;

d. Le autorità tedesche desideravano "essere amiche" delle importanti banche americane perché si aspettavano che queste banche sarebbero state utili dopo la guerra come strumento della politica tedesca negli Stati Uniti;

e. La Chase di Parigi si dimostrò molto ansiosa di compiacere le autorità tedesche in ogni modo possibile. Ad esempio, la Chase ha mantenuto con zelo il conto dell'Ambasciata tedesca a Parigi, "poiché ogni piccola cosa aiuta" (a mantenere le eccellenti relazioni tra la Chase e le autorità tedesche);

f. L'intero obiettivo della politica e delle operazioni di Chase era quello di mantenere la posizione della banca a qualsiasi costo.

MORGAN AND COMPANY, FRANCIA

a. Morgan and Company si considerava una banca francese, e quindi obbligata a osservare le leggi e i regolamenti bancari francesi, di ispirazione nazista o meno; e lo fece effettivamente;

b. Morgan and Company era molto ansiosa di preservare la continuità della sua casa in Francia e, per ottenere questa sicurezza, ha elaborato un modus vivendi con le autorità tedesche;

c. Morgan and Company godeva di un enorme prestigio presso le autorità tedesche e i tedeschi si vantavano della splendida collaborazione di Morgan and Company;

d. Morgan continuò le sue relazioni prebelliche con le grandi imprese industriali e commerciali francesi che lavoravano per la

Germania, tra cui gli stabilimenti Renault, da allora confiscati dal governo francese, Peugeot [sic], Citroen e molti altri.

e. Il potere di Morgan and Company in Francia non ha alcun rapporto con le esigue risorse finanziarie dell'azienda, e l'indagine in corso sarà di grande utilità in quanto ci permetterà per la prima volta di studiare il modello Morgan in Europa e il modo in cui Morgan ha utilizzato il suo grande potere;

f. Morgan and Company cercava costantemente di raggiungere i propri scopi mettendo un governo contro l'altro nel modo più freddo e senza scrupoli.

Jefferson Caffery, Ambasciatore degli Stati Uniti in Francia, è stato tenuto al corrente dei progressi di questa indagine e mi ha sempre dato pieno sostegno e incoraggiamento, in linea di principio e di fatto. Anzi, lo stesso Caffery mi ha chiesto come si fossero comportate le filiali della Ford e della General Motors in Francia durante l'occupazione e ha espresso il desiderio che ci occupassimo di queste società una volta completata l'indagine sulla banca.

RACCOMANDAZIONE

Raccomando che questa indagine, che per ragioni inevitabili è progredita lentamente fino a questo momento, venga ora sollecitata con urgenza e che il personale supplementare necessario venga inviato a Parigi il prima possibile.[183]

L'indagine completa non è mai stata intrapresa e fino ad oggi non è stata condotta alcuna indagine su questa attività, presumibilmente a scopo di tradimento.

I.G. americani nella seconda guerra mondiale

La collaborazione tra gli uomini d'affari americani e i nazisti

---

[183] *Ibidem, pp. 800-2.*

nell'Europa dell'Asse fu accompagnata dalla protezione degli interessi nazisti negli Stati Uniti. Nel 1939 American I.G. fu ribattezzata General Aniline & Film, con General Dyestuffs come agente di vendita esclusivo negli Stati Uniti. Questi nomi nascondevano efficacemente il fatto che American I.G. (o General Aniline & Film) era un importante produttore di importanti materiali bellici, tra cui l'atabrina, il magnesio e la gomma sintetica. Gli accordi restrittivi con la casa madre tedesca I.G. Farben ridussero le forniture americane di questi prodotti militari durante la Seconda Guerra Mondiale.

Cittadino americano, Halbach divenne presidente della General Dyestuffs nel 1930 e acquisì il controllo di maggioranza nel 1939 da Dietrich A. Schmitz, direttore dell'American I.G. e fratello di Hermann Schmitz, direttore della I.G. Farben in Germania e presidente del consiglio di amministrazione dell'American I.G. fino allo scoppio della guerra nel 1939. Dopo Pearl Harbor, il Tesoro degli Stati Uniti bloccò i conti bancari di Halbach. Nel giugno 1942 l'Alien Property Custodian sequestrò le azioni della General Dyestuffs di Halbach e rilevò l'azienda come società nemica ai sensi del Trading with the Enemy Act. Successivamente, l'Alien Property Custodian nominò un nuovo consiglio di amministrazione che agisse come amministratore fiduciario per tutta la durata della guerra. Queste azioni erano ragionevoli e usuali, ma quando si indaga sotto la superficie emerge un'altra storia del tutto anomala.

Tra il 1942 e il 1945 Halbach fu nominalmente un consulente della General Dyestuffs. In realtà Halbach dirigeva l'azienda, a 82.000 dollari l'anno, Louis Johnson, ex Assistente Segretario alla Guerra, fu nominato presidente della General Dyestuffs dal 'Governo degli Stati Uniti, per il quale riceveva 75.000 dollari l'anno. Louis Johnson cercò di fare pressione sul Tesoro degli Stati Uniti affinché sbloccasse i fondi bloccati di Halbach e permettesse ad Halbach di sviluppare politiche contrarie agli interessi degli Stati Uniti, allora in guerra con la Germania. L'argomentazione utilizzata per ottenere lo sblocco dei conti bancari di Halbach era che Halbach stava gestendo la società e che il consiglio di amministrazione nominato dal governo "sarebbe andato perso senza che il signor Halbach ne fosse a conoscenza".

Durante la guerra Halbach intentò una causa contro l'Alien Property Custodian, attraverso lo studio legale dell'Establishment Sullivan and Cromwell, per estromettere il governo degli Stati Uniti dal controllo delle società I.G. Farben. Queste cause non ebbero successo, ma Halbach riuscì a mantenere intatti gli accordi di cartello Farben per tutta la Seconda Guerra Mondiale; il Depositario della Proprietà Aliena non andò mai in tribunale durante la Seconda Guerra Mondiale per le cause antitrust in corso. Perché? Leo T. Crowley, capo dell'ufficio del Custode della Proprietà Straniera, aveva come consulente John Foster Dulles, che era socio del già citato studio Sullivan and Cromwell, che agiva per conto di Halbach nella sua causa contro il Custode della Proprietà Straniera.

Ci sono state altre situazioni di conflitto d'interesse da segnalare. Leo T. Crowley, il custode della proprietà straniera, nominò Victor Emanuel nei consigli di amministrazione della General Aniline & Film e della General Dyestuffs. Prima della guerra Victor Emanuel era direttore della J. Schroder Banking Corporation. Schroder, come abbiamo già visto, era un importante finanziatore di Hitler e del partito nazista - *e proprio in quel periodo era un membro del Circolo degli Amici di Himmler, che forniva sostanziali contributi alle organizzazioni delle S.S. in Germania.*

A sua volta Victor Emanuel nominò Leo Crowley a capo della Standard Gas & Electric (controllata da Emanuel) a 75.000 dollari l'anno. Questa somma si aggiungeva allo stipendio di Crowley come Alien Property Custodian e ai 10.000 dollari all'anno come capo della Federal Deposit Insurance Corporation del governo degli Stati Uniti. Nel 1945 James E. Markham aveva sostituito Crowley come A.P.C. ed era stato nominato da Emanuel anche direttore della Standard Gas a 4.850 dollari all'anno, oltre ai 10.000 dollari che percepiva come Alien Property Custodian.

L'influenza bellica della General Dyestuffs e di questo accogliente coté governativo-affaristico per conto della I.G. Farben è esemplificata dalla disinvoltura dell'American Cyanamid. Prima della guerra, la I.G. Farben controllava le industrie farmaceutiche, chimiche e dei coloranti in Messico. Durante la Seconda Guerra Mondiale fu proposto a Washington che l'American Cyanamid rilevasse questa industria messicana e sviluppasse un'industria chimica "indipendente" con le vecchie aziende della I.G. Farben sequestrate dal Custode dei beni stranieri messicano.

In qualità di collaboratori del banchiere di Schroder Victor Emanuel, Crowley e Markham, che erano anche dipendenti del governo degli Stati Uniti, cercarono di affrontare la questione degli interessi della I.G. Farben negli Stati Uniti e in Messico. Il 13 aprile 1943 James Markham inviò una lettera al Segretario di Stato Cordell Hull in cui si opponeva all'accordo Cyanamid proposto in quanto contrario alla Carta Atlantica e in quanto avrebbe interferito con l'obiettivo di creare imprese indipendenti in America Latina. La posizione di Markham fu sostenuta da Henry A. Wallace e dal procuratore generale Francis Biddle.

Le forze schierate contro l'accordo Cyanamid erano la Sterling Drug, Inc. e la Winthrop. Sia la Sterling che la Winthrop rischiavano di perdere il loro mercato della droga in Messico se l'affare Cyanamid fosse andato in porto. Ostile all'affare Cyanamid era anche la General Aniline and General Dyestuffs della I.G. Farben, dominata da Victor Emanuel, ex socio del banchiere Sehroder.

D'altra parte, il Dipartimento di Stato e l'Ufficio del Coordinatore degli Affari Interamericani - che si dava il caso fosse il figlio di Nelson Rockefeller in tempo di guerra - *sostenevano* la proposta di accordo con Cyanamid. I Rockefeller sono, ovviamente, interessati anche alle industrie chimiche e farmaceutiche dell'America Latina. In breve, un monopolio americano sotto l'influenza di Rockefeller avrebbe sostituito il monopolio nazista della I.G. Farben.

L'I.G. Farben ha vinto questo round a Washington, ma si pongono interrogativi più inquietanti se si guarda ai bombardamenti della Germania in tempo di guerra da parte dell'A.A.F. Da tempo si vocifera, ma non è mai stato provato, che la Farben abbia ricevuto un trattamento di favore, cioè che non sia stata bombardata. James Stewart Martin commenta così il trattamento di favore ricevuto dalla I.G. Farben nel bombardamento della Germania:

Poco dopo che gli eserciti raggiunsero il Reno a Colonia,

> *stavamo guidando lungo la sponda occidentale in vista
> dello stabilimento intatto della I.G. Farben a Leverkusen,
> dall'altra parte del fiume. Senza sapere nulla di me o
> della mia attività, lui (l'autista della jeep) iniziò a farmi
> una conferenza sulla I.G. Farben e a sottolineare il
> contrasto tra la città di Colonia bombardata e il trio di
> stabilimenti intatti ai margini: gli stabilimenti della Ford
> e della United Rayon sulla sponda occidentale e gli
> stabilimenti della Farben sulla sponda orientale.*[184]

Mentre questa accusa è una questione ancora aperta, che richiede una ricerca molto accurata nei registri dei bombardamenti dell'A.A.F., altri aspetti del favoritismo per i nazisti sono ben documentati.

Alla fine della Seconda Guerra Mondiale, Wall Street si mosse in Germania attraverso il Consiglio di Controllo per proteggere i loro vecchi amici del cartello e limitare la misura in cui il fervore della denazificazione avrebbe danneggiato le vecchie relazioni commerciali. Il generale Lucius Clay, vice governatore militare per la Germania, nominò uomini d'affari che si opponevano alla denazificazione a posizioni di controllo sui proventi della denazificazione. *William H. Draper della Dill. on, Read, l'azienda che aveva finanziato i cartelli tedeschi negli anni Venti, divenne il vice del generale Clay.*

Il banchiere William Draper, in qualità di generale di brigata William Draper, mise insieme la sua squadra di controllo con uomini d'affari che avevano rappresentato le imprese americane nella Germania prebellica. La rappresentanza della General Motors comprendeva Louis Douglas, ex direttore della G.M., e Edward S. Zdunke, responsabile della General Motors ad Anversa prima della guerra, nominato per supervisionare la sezione ingegneristica del Consiglio di controllo. Peter Hoglund, esperto dell'industria automobilistica tedesca, fu messo in aspettativa dalla General Motors. La selezione del personale per il Consiglio fu intrapresa dal

---

[184] *James Stewart Martin, Tutti gli uomini d'onore, op. cit., p. 75.*

colonnello Graeme K. Howard - ex rappresentante della G.M. in Germania e autore di un libro che "elogia le pratiche totalitarie [e] giustifica l'aggressione tedesca...".[185]

Il Segretario del Tesoro Morgenthau fu profondamente turbato dalle implicazioni di questo monopolio di Wall Street sul destino della Germania nazista e preparò un memorandum da presentare al Presidente Roosevelt. Il memorandum completo di Morgenthau, datato 29 maggio 1945, recita come segue:

MEMORANDUM

29 maggio 1945

Il tenente generale Lucius D. Clay, in qualità di vice del generale Eisenhower, dirige attivamente la componente americana del Consiglio di controllo per la Germania. I tre principali consiglieri del generale Clay nello staff del Consiglio di controllo sono.

1. Ambasciatore Robert D. Murphy, responsabile della Divisione Politica.

2. Louis Douglas, che il generale Clay descrive come il mio consigliere personale su questioni economiche, finanziarie e governative". Douglas si è dimesso dalla carica di Direttore del Bilancio nel 1934 e per gli otto anni successivi ha attaccato le politiche fiscali del governo. Dal 1940 Douglas è presidente della Mutual Life Insurance Company e dal dicembre 1944 *è direttore della General Motors Corporation.*

3. Il generale di brigata William Draper, direttore della Divisione economica del Consiglio di controllo. Il generale Draper è socio della società bancaria Dillon, Read and Company, Il *New York*

---

[185] *Diario di Morgenthau (Germania), pag. 1543. Il libro del colonnello Graeme K. Howard si intitolava "America and a New World Order" (New York: Scribners, 1940).*

Times di domenica conteneva l'annuncio delle figure chiave che sono state nominate dal generale Clay e dal generale Draper alla Divisione economica del Consiglio di controllo. Tra le nomine figurano le seguenti:

1. R.J. Wysor sarà responsabile delle questioni metallurgiche. Wysor è stato presidente della Republic Steel Corporation dal 1937 fino a poco tempo fa e, prima di allora, è stato associato alla Bethlehem Steel, alla Jones and Laughlin Steel Corporation e alla Republic Steel Corporation.

2. Edward X. Zdunke supervisionerà la sezione di ingegneria. Prima della guerra, Zdunke era a capo della General Motors ad Anversa.

3. Philip Gaethke sarà responsabile delle operazioni minerarie. Gaethke è stato in passato legato alla Anaconda Copper e prima della guerra era direttore delle fonderie e delle miniere dell'Alta Slesia.

4. Philip P. Clover sarà incaricato di gestire le questioni petrolifere. In passato è stato rappresentante della Socony Vacuum Oil Company in Germania.

5. Peter Hoglund si occuperà dei problemi di produzione industriale. Hoglund è in congedo dalla General Motors e si dice che sia un esperto della produzione tedesca.

6. Calvin B. Hoover sarà responsabile del gruppo di intelligence del Consiglio di controllo e sarà anche consigliere speciale del generale Draper. In una lettera al direttore del *New York Times* del 9 ottobre 1944, Hoover scrisse quanto segue:

> *La pubblicazione del piano del Segretario Morgenthau per trattare con la Germania mi ha profondamente turbato... una pace così cartaginese lascerebbe un'eredità di odio che avvelenerebbe le relazioni internazionali per le generazioni a venire... il vuoto nell'economia europea che si creerebbe con la distruzione di tutta l'industria tedesca è qualcosa che è*

difficile da contemplare.

7. Laird Bell sarà il consigliere capo della Divisione economica. È un noto avvocato di Chicago e nel maggio 1944 è stato eletto presidente del *Chicago Daily News*, dopo la morte di Frank Knox.

Uno degli uomini che aiutarono il generale Draper nella selezione del personale per la Divisione Economia fu il colonnello Graeme Howard, vicepresidente della General Motors, responsabile delle attività all'estero e rappresentante di spicco della General Motors in Germania prima della guerra. Howard è autore di un libro in cui elogia le pratiche totalitarie, giustifica l'aggressione tedesca e la politica di pacificazione di Monaco e incolpa Roosevelt di aver fatto precipitare la guerra.

Così, quando esaminiamo il Consiglio di controllo per la Germania sotto il generale Lucius D. Clay, scopriamo che il capo della divisione finanziaria era Louis Douglas, direttore della General Motors controllata da Morgan e presidente della Mutual Life Insurance. (La Opel, la filiale tedesca della General Motors, era stata il principale produttore di carri armati di Hitler). A capo della divisione economica del Consiglio di controllo c'era William Draper, socio dello studio Dillon, Read, che tanto aveva contribuito alla costruzione della Germania nazista. Tutti e tre gli uomini erano, non a caso alla luce di scoperte più recenti, membri del Council on Foreign Relations ( ).

Gli industriali e i finanzieri americani sono stati colpevoli di crimini di guerra?

I processi per crimini di guerra di Norimberga si proponevano di selezionare i responsabili dei preparativi e delle atrocità della Seconda Guerra Mondiale e di processarli. Se una simile procedura sia moralmente giustificabile è una questione discutibile; è giustificato ritenere che Norimberga sia stata una farsa politica lontana dai principi giuridici.[186] Tuttavia, se assumiamo che ci *sia* una giustificazione legale e morale, allora sicuramente qualsiasi processo di questo tipo dovrebbe essere applicato a *tutti*, indipendentemente dalla nazionalità. Cosa dovrebbe esentare, ad esempio, Franklin D. Roosevelt e Winston Churchill, ma non Adolf Hitler e Goering? Se il reato è la preparazione alla guerra e non la vendetta cieca, allora la giustizia dovrebbe essere imparziale.

Le direttive preparate dal Consiglio di controllo americano in Germania per l'arresto e la detenzione dei criminali di guerra si riferiscono a "nazisti" e "simpatizzanti nazisti", non a "tedeschi". Gli estratti rilevanti sono i seguenti:

a. Ricercate, arrestate e trattenete, in attesa di ricevere ulteriori istruzioni sulla loro disposizione, Adolph Hitler, i suoi principali associati nazisti, altri criminali di guerra e tutte le persone che hanno partecipato alla pianificazione o alla realizzazione di imprese naziste che hanno comportato o comportano atrocità o crimini di guerra.

Segue un elenco delle categorie di persone da arrestare, tra cui:

(8) Nazisti e simpatizzanti nazisti che ricoprono posizioni importanti e chiave in (a) organizzazioni civiche ed economiche nazionali e del Gau; (b) società e altre organizzazioni in cui il governo ha un interesse finanziario importante; (c) industria, commercio, agricoltura e finanza; (d) istruzione; (e) magistratura; e (f) stampa, case editrici e altre agenzie che diffondono notizie e propaganda.

I principali industriali e finanzieri americani citati in questo libro rientrano nelle categorie sopra elencate. Henry Ford e Edsel Ford contribuirono rispettivamente a finanziare Hitler e a trarre profitto dalla produzione bellica tedesca. Standard Oil of New Jersey,

---

[186] *Il lettore dovrebbe esaminare il saggio "Il ritorno ai crimini di guerra", in James J. Martin, Revisionist Viewpoints (Colorado: Ralph Mules, 1971).*

General Electric, General Motors e I.T.T. hanno certamente fornito contributi finanziari o tecnici che costituiscono una prova *prima facie* della "partecipazione alla pianificazione o alla realizzazione di imprese naziste".

Ci sono, in breve, prove che suggeriscono che:

(a) cooperazione con la Wehrmacht (Ford Motor Company, Chase Bank, Morgan Bank);

(b) aiuti al Piano quadriennale nazista e mobilitazione economica per la guerra (Standard Oil of New Jersey);

(c) creare ed equipaggiare la macchina da guerra nazista (I.T.T.);

(d) stoccaggio di materiali critici per i nazisti (Ethyl Corporation);

(e) indebolire i potenziali nemici dei nazisti (l'americana I.G. Farben); e,

(f) svolgere attività di propaganda, intelligence e spionaggio (l'americana I.G. Farben e l'uomo delle pubbliche relazioni di Rockefeller Ivy Lee).

Come minimo ci sono prove sufficienti per richiedere un'indagine approfondita e imparziale. Tuttavia, come abbiamo notato in precedenza, queste stesse aziende e finanzieri erano importanti per l'elezione di Roosevelt nel 1933 e di conseguenza avevano un'influenza politica sufficiente a soffocare le minacce di indagine. Gli estratti del diario di Morgenthau dimostrano che il potere politico di Wall Street era sufficiente persino a controllare la nomina degli ufficiali responsabili della denazificazione e del successivo governo della Germania postbellica.

Queste aziende americane erano a conoscenza della loro assistenza alla macchina militare di Hitler? Secondo le stesse aziende, assolutamente no. Esse si dichiarano innocenti di qualsiasi intenzione di aiutare la Germania di Hitler. Ne è testimonianza un telegramma inviato dal presidente del consiglio di amministrazione della Standard Oil del New Jersey al Segretario alla Guerra Patterson dopo la Seconda Guerra Mondiale, quando erano in corso le indagini preliminari sull'assistenza di Wall Street:

> *Durante l'intero periodo dei nostri contatti commerciali, non avevamo alcun sentore del ruolo connivente della Farben nella brutale politica di Hitler. Offriamo tutto l'aiuto possibile per far sì che venga portata alla luce la verità completa e che venga fatta rigida giustizia.*

> *F.W. Abrams, presidente del consiglio di amministrazione*

Purtroppo, le prove presentate sono contrarie alle affermazioni telegrafiche di Abrams. La Standard Oil del New Jersey non solo ha aiutato la macchina da guerra di Hitler, ma era a conoscenza di questa assistenza. Emil Helfferich, presidente del consiglio di amministrazione di una filiale della Standard of New Jersey, era un membro del Circolo Keppler *prima che* Hitler salisse al potere; continuò a dare contributi finanziari al Circolo di Himmler fino al 1944.

Di conseguenza, non è affatto difficile capire perché gli industriali nazisti fossero perplessi di fronte alle *"indagini"* e pensassero, alla fine della guerra, che i loro amici di Wall Street li avrebbero salvati e protetti dall'ira di coloro che avevano sofferto. Questi atteggiamenti furono presentati al Comitato Kilgore nel 1946:

> *Potrebbe anche interessarle sapere, signor Presidente, che i vertici della I.G. Farben e altri, quando li interrogavamo su queste attività, erano a volte molto indignati. Il loro atteggiamento e le loro aspettative generali erano che la guerra era finita e che ora avremmo dovuto aiutarli a rimettere in piedi la I.G. Farben e l'industria tedesca. Alcuni di loro hanno detto esteriormente che questo interrogatorio e questa indagine erano, secondo loro, solo un fenomeno di breve durata, perché non appena le cose si fossero un po' sistemate si sarebbero aspettati l'arrivo dei loro amici negli Stati Uniti e in Inghilterra. I loro amici, così*

dicevano, avrebbero messo fine ad attività come queste indagini e avrebbero fatto in modo che ricevessero il trattamento che consideravano adeguato e che venisse fornita loro assistenza per aiutare a ristabilire la loro industria.[187]

---

[187] *Eliminazione delle risorse tedesche*, pag. 652.

Capitolo 12

Conclusioni

Abbiamo dimostrato con prove documentali una serie di associazioni critiche tra i banchieri internazionali di Wall Street e l'ascesa di Hitler e del nazismo in Germania.

Primo: Wall Street ha finanziato i cartelli tedeschi a metà degli anni Venti, che a loro volta hanno portato Hitler al potere.

Secondo: che il finanziamento di Hitler e dei suoi sgherri di strada proveniva in parte da affiliate o sussidiarie di aziende statunitensi, tra cui Henry Ford nel 1922, i pagamenti della I.G. Farben e della General Electric nel 1933, seguiti dai pagamenti della Standard Oil of New Jersey e delle sussidiarie della I.T.T. a Heinrich Himmler fino al 1944.

Terzo: che le multinazionali statunitensi sotto il controllo di Wall Street hanno tratto profitto dal programma di costruzione militare di Hitler negli anni '30 e almeno fino al 1942.

Quarto: che questi stessi banchieri internazionali hanno usato l'influenza politica negli Stati Uniti per coprire la loro collaborazione bellica e per farlo si sono infiltrati nella Commissione di Controllo degli Stati Uniti per la Germania.

Le nostre prove a sostegno di queste quattro principali affermazioni possono essere riassunte come segue:

Nel primo capitolo abbiamo presentato le prove che i piani Dawes e Young per le riparazioni tedesche furono formulati da uomini di Wall Street, che indossavano temporaneamente il cappello di statisti, e che questi prestiti generarono una pioggia di profitti per questi banchieri internazionali. Owen Young della General Electric, Hjalmar Schacht, A. Voegler e altri soggetti intimamente legati all'ascesa al potere di Hitler erano stati in precedenza i negoziatori rispettivamente per gli Stati Uniti e per la Germania. Tre società di Wall Street - Dillon, Read; Harris, Forbes; e National City Company - gestirono tre quarti dei prestiti di riparazione utilizzati per creare il sistema di cartelli tedesco, comprese le dominanti I.G. Farben e Vereinigte Stahlwerke, che insieme produssero il 95% degli esplosivi per la parte nazista nella Seconda Guerra Mondiale.

Il ruolo centrale della I.G. Farben nel *colpo di stato* di Hitler è stato esaminato nel Capitolo 2. I direttori della I.G. (Farben) americana sono stati identificati come importanti uomini d'affari americani: Walter Teagle, socio e sostenitore di Roosevelt e amministratore della NRA; il banchiere Paul Warburg (suo fratello Max Warburg era nel consiglio di amministrazione della I.G. Farben in Germania) e Edsel Ford. La Farben contribuì direttamente con 400.000 RM a Schacht e Hess per le elezioni cruciali del 1933 e successivamente fu in prima linea nello sviluppo militare della Germania nazista.

Una donazione di 60.000 RM fu fatta a Hitler dalla General Electric tedesca (A.E.G.), che aveva quattro direttori e una partecipazione del 25-30% detenuta dalla società madre statunitense General Electric. Questo ruolo è stato descritto nel Capitolo 3 e abbiamo scoperto che Gerard Swope, uno degli ideatori del New Deal di Roosevelt (il suo segmento della National Recovery Administration), insieme a Owen Young della Federal Reserve Bank di New York e Clark Minor della International General Electric, erano gli uomini di Wall Street dominanti in A.E.G. e l'influenza singola più significativa.

Non abbiamo inoltre trovato prove per incriminare l'azienda elettrica tedesca Siemens, che *non era* sotto il controllo di Wall Street. Al contrario, esistono prove documentali che sia la A.E.G. che la Osram, le altre unità dell'industria elettrica tedesca - entrambe con partecipazione e controllo statunitensi - finanziarono Hitler. In effetti, quasi tutti i direttori della General Electric tedesca erano sostenitori di Hitler, direttamente attraverso A.E.G. o indirettamente attraverso altre aziende tedesche; G.E. completò il suo sostegno a

Hitler con una cooperazione tecnica con Krupp, volta a limitare lo sviluppo statunitense del carburo di tungsteno, che andò a scapito degli Stati Uniti nella Seconda Guerra Mondiale. Abbiamo concluso che gli stabilimenti A.E.G. in Germania riuscirono, con una manovra ancora sconosciuta su, a evitare i bombardamenti degli Alleati.

Un esame del ruolo della Standard Oil del New Jersey (che era ed è controllata dagli interessi dei Rockefeller) è stato intrapreso nel quarto capitolo. A quanto pare, la Standard Oil non ha finanziato l'ascesa al potere di Hitler nel 1933 (questa parte del "mito di Sidney Warburg" non è provata). D'altra parte, fino al 1944 la Standard Oil del New Jersey ha effettuato pagamenti per lo sviluppo di benzina sintetica a fini bellici per conto dei nazisti e, attraverso la sua filiale interamente controllata, per il Circolo degli Amici della S.S. di Heinrich Himmler a fini politici. Il ruolo della Standard Oil consisteva nell'assistenza tecnica allo sviluppo nazista della gomma sintetica e della benzina attraverso una società di ricerca statunitense sotto il controllo gestionale della Standard Oil. La Ethyl Gasoline Company, di proprietà congiunta della Standard Oil del New Jersey e della General Motors, fu determinante nel fornire piombo etilico vitale alla Germania nazista, nonostante le proteste scritte del Dipartimento della Guerra degli Stati Uniti, con la chiara consapevolezza che il piombo etilico era destinato a scopi militari nazisti.

Nel Capitolo 5 abbiamo dimostrato che la International Telephone and Telegraph Company, una delle più famose multinazionali, lavorava su entrambi i fronti della Seconda Guerra Mondiale attraverso il barone Kurt von Schroder, del gruppo bancario Schroder. La I.T.T. deteneva anche una partecipazione del 28% nella Focke-Wolfe, che produceva eccellenti aerei da combattimento tedeschi. Abbiamo anche scoperto che la Texaco (Texas Oil Company) era coinvolta in iniziative naziste attraverso l'avvocato tedesco Westrick, ma ha abbandonato il suo presidente del consiglio di amministrazione Rieber quando queste iniziative sono state rese pubbliche.

Henry Ford fu uno dei primi sostenitori di Hitler (1922) ed Edsel

Ford continuò la tradizione di famiglia nel 1942, incoraggiando la Ford francese a trarre profitto dall'armamento della Wehrmacht tedesca; in seguito, i veicoli prodotti da Ford furono usati contro i soldati americani sbarcati in Francia nel 1944. Per il suo precoce riconoscimento e la tempestiva assistenza ai nazisti, Henry Ford ricevette una medaglia nazista nel 1938. I registri della Ford francese suggeriscono che la Ford Motor ricevette un trattamento di favore dai nazisti dopo il 1940.

I fili dimostrabili del finanziamento di Hitler sono riuniti nel capitolo sette di e rispondono con nomi e cifre precise alla domanda: chi ha finanziato Adolf Hitler? Questo capitolo mette sotto accusa Wall Street e, per inciso, nessun altro di rilievo negli Stati Uniti, tranne la famiglia Ford. La famiglia Ford non è normalmente associata a Wall Street, ma fa certamente parte dell'"élite del potere".

Nei capitoli precedenti abbiamo citato diversi collaboratori di Roosevelt, tra cui Teagle della Standard Oil, la famiglia Warburg e Gerard Swope. Nel Capitolo 8 viene tracciato il ruolo di Putzi Hanfstaengl, un altro amico di Roosevelt che partecipò all'incendio del Reichstag. La composizione della cerchia ristretta nazista durante la Seconda guerra mondiale e i contributi finanziari della Standard Oil of New Jersey e delle filiali dell'I.T.T. sono illustrati nel capitolo nove. Vengono presentate le prove documentali di questi contributi monetari. Kurt Yon Schrader è identificato come l'intermediario chiave di questo "fondo nero" delle SS.

Infine, nel capitolo dieci abbiamo esaminato un libro soppresso nel 1934 e il "mito di Sidney Warburg". Il libro soppresso accusava i Rockefeller, i Warburg e le principali compagnie petrolifere di finanziare Hitler. Sebbene il nome "Sidney Warburg" fosse senza dubbio un'invenzione, resta il fatto straordinario che l'argomentazione del libro soppresso "Sidney Warburg" è notevolmente vicina alle prove presentate ora. Rimane anche un enigma il motivo per cui James Paul Warburg, quindici anni dopo, abbia voluto tentare, in modo piuttosto trasparente e approssimativo, di confutare il contenuto del libro "Warburg", un libro che afferma di non aver visto. Ed è forse ancora più enigmatico il motivo per cui

Warburg abbia scelto le *Memorie* del nazista von Papen come veicolo per presentare la sua confutazione.

Infine, nel capitolo undicesimo abbiamo esaminato il ruolo delle banche Morgan e Chase nella Seconda Guerra Mondiale, in particolare la loro collaborazione con i nazisti in Francia, mentre infuriava una guerra importante.

In altre parole, come nei nostri due precedenti esami dei legami tra i banchieri internazionali di New York e i principali eventi storici, troviamo un modello dimostrabile di sovvenzione e manipolazione politica.

L'influenza pervasiva dei banchieri internazionali

Esaminando l'ampia gamma di fatti presentati nei tre volumi della serie Wall Street, troviamo una persistente ricorrenza degli stessi nomi: Owen Young, Gerard Swope, Hjalmar Schacht, Bernard Baruch, *ecc.;* le stesse banche internazionali: J.P. Morgan, Guaranty Trust, Chase Bank; e la stessa sede a New York: di solito al 120 di Broadway.

Questo gruppo di banchieri internazionali ha appoggiato la Rivoluzione bolscevica e successivamente ha tratto profitto dalla creazione di una Russia sovietica. Questo gruppo ha appoggiato Roosevelt e ha tratto profitto dal socialismo del New Deal. Questo gruppo ha anche appoggiato Hitler e ha certamente tratto profitto dagli armamenti tedeschi negli anni Trenta. Quando il Big Business avrebbe dovuto gestire le sue attività commerciali alla Ford Motor, alla Standard of New Jersey e così via, lo troviamo attivamente e profondamente coinvolto in sconvolgimenti politici, guerre e rivoluzioni in tre grandi Paesi.

La versione della storia qui presentata è che l'élite finanziaria ha consapevolmente e premeditatamente assistito la rivoluzione bolscevica del 1917 di concerto con i banchieri tedeschi. Dopo aver tratto profitto dalla crisi iperinflazionistica tedesca del 1923 e aver pianificato di far ricadere l'onere delle riparazioni tedesche sulle spalle degli investitori americani, Wall Street scoprì di aver provocato la crisi finanziaria del 1929.

Due uomini furono allora sostenuti come leader dei principali Paesi occidentali: Franklin D. Roosevelt negli Stati Uniti e Adolf Hitler in Germania. Il New Deal di Roosevelt e il Piano quadriennale di Hitler presentavano grandi analogie. I piani di Roosevelt e Hitler prevedevano la conquista fascista dei rispettivi Paesi. Mentre il New Deal di Roosevelt fallì, a causa dei vincoli costituzionali allora vigenti, il Piano di Hitler ebbe successo.

Perché l'élite di Wall Street, i banchieri internazionali, volevano Roosevelt e Hitler al potere? Questo è un aspetto che non abbiamo esplorato. Secondo il "mito di Sidney Warburg", Wall Street voleva una politica di vendetta, cioè voleva la guerra in Europa tra Francia e Germania. Sappiamo anche dalla storia dell'establishment che sia Hitler che Roosevelt hanno attuato politiche che hanno portato alla guerra.

I collegamenti tra le persone e gli eventi di questa serie di tre libri richiederebbero un altro libro. Ma un singolo esempio potrà forse indicare la notevole concentrazione di potere all'interno di un numero relativamente ristretto di organizzazioni, e l'uso che di questo potere viene fatto.

Il 1° maggio 1918, quando i bolscevichi controllavano solo una piccola frazione della Russia (e stavano per perdere anche quella frazione nell'estate del 1918), fu organizzata a Washington la Lega americana per l'aiuto e la cooperazione con la Russia per sostenere i bolscevichi. Non si trattava di un comitato del tipo "Giù le mani dalla Russia" formato dal Partito Comunista degli Stati Uniti o dai suoi alleati. Si trattava di un comitato *creato da Wall Street* con George P. Whalen della Vacuum Oil Company come tesoriere e Coffin e Oudin della General Electric, insieme a Thompson del Federal Reserve System, Willard della Baltimore & Ohio Railroad e socialisti assortiti.

Se guardiamo all'ascesa di Hitler e del nazismo, troviamo la Vacuum Oil e la General Electric ben rappresentate. L'ambasciatore Dodd in Germania fu colpito dal contributo monetario e tecnico della Vacuum Oil Company, controllata da Rockefeller, nella costruzione di impianti militari di benzina per i nazisti. L'ambasciatore cercò di avvertire Roosevelt. Dodd credeva, nella sua apparente ingenuità sugli affari mondiali, che Roosevelt sarebbe intervenuto, ma Roosevelt stesso era sostenuto da questi stessi interessi petroliferi e Walter Teagle della Standard Oil del New Jersey e della NRA era nel consiglio di amministrazione della Warm Springs Foundation di Roosevelt. Così, solo per citare uno dei tanti esempi, la Vacuum Oil Company, controllata da Rockefeller, ha contribuito in modo determinante alla creazione della Russia bolscevica, alla costruzione militare della Germania nazista e ha sostenuto il New Deal di Roosevelt.

Gli Stati Uniti sono governati da un'élite dittatoriale?

Nell'ultimo decennio o giù di lì, certamente dagli anni Sessanta, un flusso costante di letteratura ha presentato una tesi secondo cui gli Stati Uniti sono governati da un'élite di potere auto-perpetuantesi e non eletta. Inoltre, la maggior parte di questi libri sostiene che questa élite controlla, o almeno influenza pesantemente, tutte le decisioni di politica estera e interna, e che nessuna idea diventa rispettabile o viene pubblicata negli Stati Uniti senza la tacita approvazione, o forse la mancanza di disapprovazione, di questa cerchia elitaria.

Ovviamente, il flusso stesso di letteratura anti-establishment testimonia che gli Stati Uniti non possono essere completamente sotto il controllo di un singolo gruppo o élite. D'altra parte, la letteratura anti-establishment non è pienamente riconosciuta o ragionevolmente discussa nei circoli accademici o nei media. Il più delle volte consiste in un'edizione limitata, prodotta privatamente, che circola quasi di mano in mano. *Ci sono alcune* eccezioni, è vero; ma non abbastanza da contestare l'osservazione che la critica anti-establishment non entra facilmente nei normali canali di informazione/distribuzione.

Mentre all'inizio e alla metà degli anni Sessanta, qualsiasi concetto di governo da parte di un'élite cospiratoria, o di qualsiasi tipo di élite, era una ragione sufficiente per liquidare il proponente come un "pazzo", l'atmosfera per tali concetti è cambiata radicalmente. Il caso Watergate ha probabilmente dato il tocco finale a un ambiente di scetticismo e dubbio che si stava sviluppando da tempo. Siamo quasi arrivati al punto in cui chiunque accetti, ad esempio, il rapporto della Commissione Warren, o creda che il declino e la caduta di Nixon non abbiano avuto aspetti cospirativi, è sospetto. In breve, nessuno crede più al processo informativo dell'establishment. E per i curiosi è ora disponibile un'ampia gamma di presentazioni alternative degli eventi.

Diverse centinaia di libri, provenienti da tutto lo spettro politico e filosofico, aggiungono pezzi di prove, altre ipotesi e altre accuse. Ciò che fino a non molto tempo fa era un'idea stravagante, di cui si parlava a mezzanotte a porte chiuse, con sussurri sommessi e quasi cospiratori, oggi è apertamente dibattuto - non certo nei giornali dell'establishment, ma certamente nei talk show radiofonici non di rete, nella stampa underground e persino, di tanto in tanto, nei libri di rispettabili case editrici dell'establishment.

Ripetiamo quindi la domanda: C'è un'élite di potere non eletta dietro il governo degli Stati Uniti?

Una fonte di informazioni sostanziale e spesso citata è Carroll Quigley, professore di Relazioni Internazionali alla Georgetown University, che nel 1966 aveva pubblicato una monumentale storia moderna intitolata *Tragedia e speranza*.[188] Il libro di Quigley si distingue da altri di questo filone revisionista per il fatto di essersi basato su uno studio di due anni dei documenti interni di uno dei centri di potere. Quigley traccia la storia dell'élite di potere:

> *... i poteri del capitalismo finanziario avevano un altro obiettivo di vasta portata, niente di meno che creare un sistema mondiale di controllo finanziario in mani private in grado di dominare il sistema politico di ogni paese e l'economia del mondo nel suo complesso.*

---

[188] Carroll Quigley, *Tragedia e speranza*, op. cit.

Quigley dimostra anche che il Council on Foreign Relations, la National Planning Association e altri gruppi sono organismi politici "semi-segreti" sotto il controllo di questa élite di potere.

Nella seguente tabella abbiamo elencato cinque di questi libri revisionisti, compreso quello di Quigley. Le loro tesi essenziali e la compatibilità con i tre volumi della serie "Wall Street" sono riassunte. È sorprendente che nei tre principali eventi storici citati, Carroll Quigley non sia affatto coerente con le prove della serie "Wall Street". Quigley si spinge molto in là nel fornire prove dell'*esistenza* di un'élite di potere, ma non ne penetra le *operazioni*.

È possibile che i documenti utilizzati da Quigley siano stati controllati e non includano documentazione sulla manipolazione elitaria di eventi come la rivoluzione bolscevica, l'ascesa al potere di Hitler e l'elezione di Roosevelt nel 1933. È più probabile che queste manipolazioni politiche non siano state registrate affatto negli archivi dei gruppi di potere. Potrebbero essere state azioni non registrate da un piccolo segmento *ad hoc* dell'élite. È degno di nota il fatto che i documenti utilizzati da questo autore provengono da fonti governative, che registrano le azioni quotidiane di Trotsky, Lenin, Roosevelt, Hitler, J.P. Morgan e delle varie imprese e banche coinvolte.

D'altra parte, autori come Jules Archer, Gary Allen, Helen P. Lasell e William Domhoff, che scrivono da posizioni politiche molto diverse,[189] *sono* coerenti con le prove di "Wall Street". Questi scrittori presentano l'ipotesi di un'élite di potere che manipola il governo degli Stati Uniti. La serie "Wall Street" dimostra come questa ipotizzata "élite di potere" abbia manipolato specifici eventi storici.

È ovvio che un simile esercizio di potere incontrollato e sovralegale è incostituzionale, anche se avvolto in un tessuto di azioni rispettose della legge. Possiamo quindi legittimamente sollevare la questione

---

[189] Ce ne sono molti altri; l'autore ha scelto più o meno a caso due conservatori (Allen e Lasell) e due liberali (Archer e Domhoff).

dell'esistenza di una forza sovversiva che opera per eliminare i diritti costituzionalmente garantiti.

L'élite newyorkese come forza sovversiva

La storia del XX secolo, così come è riportata nei libri di testo e nelle riviste dell'establishment, è imprecisa. È una storia che si basa esclusivamente sui documenti ufficiali che le varie Amministrazioni hanno ritenuto opportuno rendere pubblici.

Tabella: LE PROVE DELLA SERIE "WALL STREET" SONO COERENTI CON LE RELATIVE ARGOMENTAZIONI REVISIONISTE PRESENTATE ALTROVE?

(1) New York: MacMillan, 1966.

(2) New York: Hawthorn, 1973.

(3) Seal Beach: Concord Press, 1971.

(4) New York: Liberty, 1963.

(5) New Jersey: Prentice Hall, 1967.

(3) Wall Street e l' ascesa di Hitler	Il resoconto di Quigley sull' ascesa di Hitler (pp. 529-33) non include prove del coinvolgimento dell' establishment.	Le parti di Archer che riguardano Hitler e il nazismo sono coerenti con quanto detto sopra.	Non è incluso in Allen ma è coerente.	Le prove di Lasell sono coerenti con quanto detto sopra	La serie precedente estende l' argomentazione di Domhoffs alla politica estera.

Autore e titolo:	Tesi essenziale:	La tesi è coerente con: (1) Wall Street e la rivoluzione bolscevica	(2) Wall Street e FDR
Carroll QUIGLEY: Tragedia e speranza (1) L'establishment orientale "semisegreto"	L' establishment orientale "semisegreto" e le sue interconnessioni hanno un ruolo dominante nella pianificazione e nella politica degli Stati Uniti.	Quigley non include le prove di Wall Street nella Rivoluzione bolscevica (pp. 385-9).	No: L' argomentazione di Quigley è totalmente incoerente con quanto detto sopra (vedi pag. 533).
Jules ARCHER: Complotto per impadronirsi della Casa Bianca (2)	Nel 1933-4 ci fu una cospirazione di Wall Street per rimuovere FDR e installare una dittatura fascista negli Stati Uniti.	Non è rilevante, ma gli elementi di Wall Street citati da Archer erano coinvolti nella rivoluzione bolscevica.	Sì: in generale le prove di Archer sono coerenti, tranne che per l' interpretazione diversa del ruolo di ___
Gary ALLEN: Nessuno osi chiamarlo complotto (3)	Esiste una cospirazione segreta (il Council on Foreign Relations) per installare una dittatura negli Stati Uniti e, in ultima analisi, per controllare il mondo.	Sì, ad eccezione di piccole variazioni sul finanziamento.	Non è incluso in Allen ma è coerente.
Helen P. LASELL: Il potere dietro il governo di oggi (4)	Il Council on Foreign Relations è un' organizzazione sovversiva segreta che si dedica al rovesciamento del governo costituzionale degli Stati Uniti.	Le prove di Lasell sono coerenti con quanto detto sopra.	Le prove di Lasell sono coerenti con quanto detto sopra.
William DOMHOFF: Chi governa l' America? (5)	Esiste una "élite di potere" che controlla tutte le principali banche, le aziende, le fondazioni, il potere esecutivo e le agenzie di regolamentazione del governo degli Stati Uniti.	La serie precedente estende l' argomentazione di Dombolls alla politica estera.	La serie precedente estende l' argomentazione di Domhoff alle elezioni presidenziali.

Ma una storia accurata non può basarsi su un rilascio selettivo degli archivi documentali. L'accuratezza richiede l'accesso a tutti i documenti. In pratica, con l'acquisizione di documenti precedentemente classificati negli archivi del Dipartimento di Stato americano, del Ministero degli Esteri britannico, del Ministero degli Esteri tedesco e di altri depositi, è emersa una nuova versione della storia; la versione prevalente dell'establishment si è rivelata non solo imprecisa, ma progettata per nascondere un tessuto pervasivo di inganni e comportamenti immorali.

Il centro del potere politico, come autorizzato dalla Costituzione degli Stati Uniti, è costituito da un Congresso e da un Presidente eletti, che operano nel quadro e sotto i vincoli della Costituzione, interpretata da una Corte Suprema imparziale. In passato abbiamo *dato per scontato* che il potere politico venisse esercitato con attenzione dal ramo esecutivo e legislativo, dopo aver preso in considerazione e valutato la volontà degli elettori. In realtà, nulla potrebbe essere più lontano da questo presupposto. L'elettorato ha a lungo sospettato, ma ora sa, che le promesse politiche non valgono nulla. Le bugie sono all'ordine del giorno per chi attua le politiche. Le guerre vengono iniziate (e interrotte) senza uno straccio di spiegazione coerente. Alle parole della politica non sono mai corrisposti i fatti della politica. Perché? A quanto pare perché il centro del potere politico è stato altrove rispetto ai rappresentanti eletti e presumibilmente reattivi a Washington, e questa élite di potere ha i propri obiettivi, che non sono coerenti con quelli del pubblico in generale.

In questa serie di tre volumi abbiamo identificato per tre eventi storici la sede del potere politico negli Stati Uniti - il potere dietro le quinte, l'influenza nascosta su Washington - come quella dell'establishment finanziario di New York: i banchieri privati internazionali, più precisamente le case finanziarie di J.P. Morgan, la Chase Manhattan Bank controllata da Rockefeller e, in tempi precedenti (prima della fusione della loro Manhattan Bank con l'ex Chase Bank), i Warburg.

Gli Stati Uniti, nonostante la Costituzione e i suoi presunti vincoli, sono diventati uno Stato quasi totalitario. Sebbene non abbiamo (ancora) i tratti evidenti della dittatura, i campi di concentramento e il bussare alla porta a mezzanotte, abbiamo certamente minacce e azioni volte alla sopravvivenza dei critici non appartenenti all'establishment, l'uso dell'Internal Revenue Service per mettere in riga i dissidenti e la manipolazione della Costituzione da parte di un sistema giudiziario politicamente asservito all'establishment.

È nell'interesse pecuniario dei banchieri internazionali centralizzare il potere politico - e questa centralizzazione può essere raggiunta al meglio all'interno di una società collettivista, come la Russia socialista, la Germania nazionalsocialista o gli Stati Uniti socialisti fabiani. Non è possibile comprendere e apprezzare appieno la politica americana e la politica estera del XX secolo senza rendersi conto che questa élite finanziaria monopolizza di fatto la politica di Washington.

Caso dopo caso, la documentazione appena rilasciata coinvolge questa élite e conferma questa ipotesi. Le versioni revisioniste dell'ingresso degli Stati Uniti nelle guerre mondiali I e II, in Corea e in Vietnam rivelano l'influenza e gli obiettivi di questa élite.

Per la maggior parte del XX secolo il Federal Reserve System, in particolare la Federal Reserve Bank di New York (che è al di fuori del controllo del Congresso, non sottoposta a revisione e non controllata, con il potere di stampare moneta e creare credito a volontà), ha esercitato un monopolio virtuale sulla direzione dell'economia americana. Negli affari esteri il Council on Foreign Relations, superficialmente un innocente forum per accademici, uomini d'affari e politici, contiene all'interno del suo guscio, forse sconosciuto a molti dei suoi membri, un centro di potere che determina unilateralmente la politica estera degli Stati Uniti. L'obiettivo principale di questa politica estera sommersa - e ovviamente sovversiva - è l'acquisizione di mercati e potere economico (*profitti*, se vogliamo) per un piccolo gruppo di giganteschhe multinazionali sotto il controllo virtuale di alcune case d'investimento bancarie e famiglie controllanti.

Attraverso fondazioni controllate da questa élite, la ricerca di accademici compiacenti e senza spina dorsale, "conservatori" e "liberali", è stata indirizzata verso canali utili agli obiettivi dell'élite, essenzialmente per mantenere questo apparato di potere sovversivo e incostituzionale.

Attraverso le case editrici controllate da questa stessa élite finanziaria sono stati stroncati i libri sgraditi e promossi quelli utili; fortunatamente l'editoria ha poche barriere all'ingresso ed è quasi atomisticamente competitiva. Attraverso il controllo di una dozzina di grandi giornali, gestiti da editori che la pensano allo stesso modo, l'informazione pubblica può essere quasi orchestrata a piacimento. Ieri, il programma spaziale; oggi, una crisi energetica o una campagna per l'ecologia; domani, una guerra in Medio Oriente o un'altra "crisi" artificiale.

Il risultato totale di questa manipolazione della società da parte dell'élite dell'establishment è stato di quattro grandi guerre in sessant'anni, un debito nazionale paralizzante, l'abbandono della Costituzione, la soppressione della libertà e delle opportunità e la creazione di un vasto divario di credibilità tra l'uomo della strada e Washington. Sebbene l'espediente trasparente dei due partiti principali, che sbandierano differenze artificiali, convegni da circo e il cliché della "politica estera bipartisan" non sia più credibile e l'élite finanziaria stessa riconosca che le sue politiche non sono accettate dall'opinione pubblica, è ovviamente pronta ad andare avanti da sola senza nemmeno un sostegno pubblico nominale.

In breve, ora dobbiamo considerare e discutere se questo establishment elitario con sede a New York sia una forza sovversiva che opera con deliberazione e consapevolezza per sopprimere la Costituzione e una società libera. Questo sarà il compito che ci attende nel prossimo decennio.

La verità revisionista che sta lentamente emergendo

L'arena di questo dibattito e la base delle nostre accuse di sovversione sono le prove fornite dallo storico revisionista. Lentamente, nel corso di decenni, libro per libro, quasi riga per riga, la verità della storia recente è emersa man mano che i documenti sono stati resi noti, scandagliati, analizzati e inseriti in un quadro storico più valido.

Consideriamo alcuni esempi. L'ingresso dell'America nella Seconda Guerra Mondiale sarebbe stato precipitato, secondo la versione dell'establishment, dall'attacco giapponese a Pearl Harbor. I revisionisti hanno stabilito che Franklin D. Roosevelt e il generale Marshall *sapevano* dell'imminente attacco giapponese e non fecero nulla per avvertire le autorità militari di Pearl Harbor.

L'establishment voleva la guerra con il Giappone. In seguito, l'establishment si assicurò che le indagini del Congresso su Pearl Harbor si adattassero al whitewash di Roosevelt. Secondo le parole di Percy Greaves, principale esperto di ricerca della minoranza repubblicana nella Commissione congiunta del Congresso che indagava su Pearl Harbor:

> *I fatti completi non saranno mai conosciuti. La maggior parte delle cosiddette indagini sono state tentativi di sopprimere, fuorviare o confondere coloro che cercano la verità. Dall'inizio alla fine, i fatti e i documenti sono stati nascosti in modo da rivelare solo quelle informazioni che andavano a vantaggio dell'amministrazione indagata. A chi cerca la verità viene detto che altri fatti o documenti non possono essere rivelati perché sono mescolati a diari personali, riguardano le nostre relazioni con l'estero o sono giurati di non contenere informazioni di valore.[190]*

Ma questo non fu il primo tentativo di portare gli Stati Uniti in guerra, né l'ultimo. Gli interessi di Morgan, di concerto con Winston Churchill, cercarono di portare gli Stati Uniti nella Prima Guerra Mondiale già nel 1915 e ci riuscirono nel 1917. *Lusitania* di Colin Thompson coinvolge il presidente Woodrow Wilson nell'affondamento del *Lusitania*, un espediente orrorifico per generare un contraccolpo pubblico e attirare gli Stati Uniti in guerra contro la Germania. Thompson dimostra che Woodrow Wilson sapeva *con quattro freccette di anticipo* che il *Lusitania* trasportava sei milioni di munizioni ed esplosivi, e che quindi "i passeggeri che

---

[190] Percy L. Greaves, Jr., "The Pearl Harbor Investigation", in Harry Elmer Harnes, *Perpetual War for Perpetual Peace,* (Caldwell: Caxton Printers, 1953), p. 13-20.

si proponevano di imbarcarsi su quella nave stavano navigando in violazione dello statuto di questo Paese".[191] La commissione d'inchiesta britannica guidata da Lord Mersey ricevette dal governo britannico *l'istruzione di* "ritenere politicamente opportuno che il capitano Turner, il comandante *del Lusitania,* venisse incolpato in modo preminente del disastro".

In retrospettiva, viste le prove di Colin Thompson, la colpa è più giustamente da attribuire al Presidente Wilson, al "Colonnello" House, a J.P. Morgan e a Winston Churchill; questa élite cospirativa avrebbe dovuto essere processata per negligenza intenzionale, se non per tradimento. È un merito eterno di Lord Mersey che, dopo aver svolto il suo "dovere" secondo le istruzioni del governo di Sua Maestà e aver addossato la colpa al capitano Turner, si dimise, rifiutò il suo compenso e da quel momento in poi si rifiutò di gestire le commissioni del governo britannico. Ai suoi amici Lord Mersey disse solo che il caso *del Lusitania* era uno "sporco affare".

Poi, nel 1933-4, ci fu il tentativo della Morgan di installare una dittatura fascista negli Stati Uniti. Secondo le parole di Jules Archer, si trattava di un *putsch* fascista per prendere il controllo del governo e *"gestirlo* sotto un dittatore per conto dei banchieri e degli industriali americani".[192] Anche in questo caso emerse un singolo individuo coraggioso, il generale Smedley Darlington Butler, che denunciò la cospirazione di Wall Street. E ancora una volta il Congresso si è distinto, in particolare i deputati Dickstein e MacCormack, per il suo rifiuto senza palle di fare di più che condurre un'indagine di facciata.

Dalla Seconda Guerra Mondiale abbiamo assistito alla Guerra di Corea e alla Guerra del Vietnam: guerre senza senso, senza vittoria, costose in termini di dollari e di vite umane, senza altro scopo che quello di generare contratti di armamento multimiliardari. Di certo

---

[191] Colin Simpson, *Lusitania,* (Londra: Longman, 1972), p. 252.

[192] Jules Archer, *The Plot to Seize the White House* (New York: Hawthorn Book, 1973), p. 202.

queste guerre non sono state combattute per frenare il comunismo, perché per cinquant'anni l'establishment ha alimentato e sovvenzionato l'Unione Sovietica, che ha fornito armamenti alle altre parti in entrambe le guerre - Corea e Vietnam. Quindi la nostra storia revisionista mostrerà che gli Stati Uniti hanno armato direttamente o indirettamente entrambe le parti almeno in Corea e in Vietnam.

Nell'assassinio del Presidente Kennedy, per fare un esempio nazionale, è difficile trovare qualcuno che oggi accetti le conclusioni della Commissione Warren - tranne forse i membri di quella Commissione. Eppure prove fondamentali sono rimaste nascoste agli occhi dell'opinione pubblica per 50-75 anni. L'affare Watergate ha dimostrato anche all'uomo della strada che la Casa Bianca può essere un nido vizioso di intrighi e inganni.

Di tutta la storia recente, la vicenda dell'Operazione Keelhaul[193] è forse la più disgustosa. L'operazione Keelhaul fu il rimpatrio forzato di milioni di russi su ordine del Presidente (allora generale) Dwight D. Eisenhower, in diretta violazione della Convenzione di Ginevra del 1929 e della lunga tradizione americana di rifugio politico. L'operazione Keelhaul, che contravviene a tutte le nostre idee di decenza elementare e di libertà individuale, fu intrapresa su ordine diretto del generale Eisenhower e, possiamo ora presumere, faceva parte di un programma a lungo termine per alimentare il collettivismo, sia esso il comunismo sovietico, il nazismo hitleriano o il New Deal di FDR. Eppure, fino alla recente pubblicazione delle prove documentali da parte di Julius Epstein, chiunque osasse suggerire che Eisenhower avrebbe tradito milioni di individui innocenti per scopi politici veniva ferocemente e spietatamente attaccato.[194]

Ciò che questa storia revisionista ci insegna è che la nostra volontà

---

[193] Si veda Julius Epstein, *Operation Keelhaul*, (Old Greenwich: Devin Adair, 1973).

[194] Si veda ad esempio Robert Welch, *The Politician* (Belmont, Mass.: Belmont Publishing Co., 1963).

di singoli cittadini di cedere il potere politico a un'élite è costata al mondo circa duecento milioni di morti dal 1820 al 1975. A questa miseria incalcolabile si aggiungono i campi di concentramento, i prigionieri politici, la soppressione e l'oppressione di coloro che cercano di portare alla luce la verità.

Quando si fermerà tutto questo? Non si fermerà finché non agiremo in base a un semplice assioma: il sistema di potere continua solo finché *gli individui* vogliono che continui, e continuerà solo finché *gli individui* cercheranno di ottenere qualcosa in cambio di niente. Il giorno in cui la maggioranza degli individui dichiarerà o agirà come se non volesse nulla dal governo, dichiarando che si occuperà del proprio benessere e dei propri interessi, allora *quel* giorno le élite di potere saranno condannate. L'attrazione per "assecondare" le élite di potere è l'attrazione di qualcosa in cambio di nulla. Questa è l'esca. L'establishment offre sempre qualcosa in cambio di nulla; ma quel qualcosa viene preso da qualcun altro, come tasse o saccheggi, e assegnato altrove in cambio di sostegno politico.

Le crisi e le guerre periodiche vengono utilizzate per raccogliere consensi per altri cicli di saccheggio-ricompensa che, di fatto, stringono il cappio intorno alle nostre libertà individuali. E naturalmente ci sono orde di spugne accademiche, uomini d'affari amorali e semplici seguaci, che fungono da destinatari non produttivi del saccheggio.

Fermando il circolo del saccheggio e della ricompensa immorale, le strutture elitarie crollano. Ma solo quando una maggioranza troverà il coraggio morale e la forza interiore di rifiutare il gioco della truffa "qualcosa in cambio di niente" e di sostituirlo con associazioni volontarie, comuni volontarie, o con regole locali e società decentralizzate, le uccisioni e i saccheggi cesseranno.

Appendice A

Programma del Partito Nazionalsocialista Tedesco dei Lavoratori

Nota: questo programma è importante perché dimostra che la natura del nazismo era nota pubblicamente già nel 1920.

IL PROGRAMMA

Il programma del Partito Operaio Tedesco è limitato nel tempo. I dirigenti non hanno intenzione, una volta raggiunti gli obiettivi in esso annunciati, di stabilirne di nuovi, solo per aumentare artificialmente il malcontento delle masse e garantire così la continuazione dell'esistenza del Partito.

1. Chiediamo l'unione di tutti i tedeschi per formare una Grande Germania sulla base del diritto all'autodeterminazione di cui godono le nazioni.

2. Chiediamo l'uguaglianza dei diritti per il popolo tedesco nei suoi rapporti con le altre nazioni e l'abolizione dei trattati di pace di Versailles e di Saint Germain.

3. Chiediamo terra e territorio (colonie) per nutrire il nostro popolo e per sistemare la nostra popolazione superflua.

4. Solo i membri della nazione possono essere cittadini dello Stato. Solo coloro che hanno sangue tedesco, qualunque sia il loro credo, possono essere membri della nazione. Nessun ebreo, quindi, può essere membro della nazione.

5. Chi non è cittadino dello Stato può vivere in Germania solo come

ospite e deve essere considerato soggetto alle leggi straniere.

6. Il diritto di voto sul governo e sulla legislazione dello Stato deve essere goduto solo dai cittadini dello Stato. Chiediamo quindi che tutti gli incarichi ufficiali, di qualsiasi tipo, sia nel Reich, sia nel Paese, sia nelle località più piccole, siano concessi ai soli cittadini dello Stato.

7. Ci opponiamo all'abitudine corruttiva del Parlamento di assegnare i posti solo in base a considerazioni di partito, senza fare riferimento alla personalità o alle capacità.

8. Chiediamo che lo Stato abbia come primo dovere quello di promuovere l'industria e il sostentamento dei cittadini dello Stato. Se non è possibile nutrire l'intera popolazione dello Stato, gli stranieri (non cittadini dello Stato) devono essere esclusi dal Reich. Deve essere impedita ogni immigrazione non tedesca. Chiediamo che tutti i non tedeschi entrati in Germania dopo il 2 agosto 1914 debbano lasciare immediatamente il Reich.

9. Tutti i cittadini dello Stato sono uguali per quanto riguarda i diritti e i doveri.

10. Il primo dovere di ogni cittadino dello Stato deve essere quello di lavorare con la propria mente o con il proprio corpo. L'attività del singolo non può essere in contrasto con gli interessi dell'insieme, ma deve procedere nel quadro della comunità ed essere finalizzata al bene generale.

Chiediamo quindi:

11. Abolizione dei redditi non guadagnati con il lavoro.

ABOLIZIONE DELLA SCHIAVITÙ DELL'INTERESSE

12. In considerazione dell'enorme sacrificio di vite e proprietà richiesto a una nazione da ogni guerra, l'arricchimento personale dovuto a una guerra deve essere considerato un crimine contro la

nazione. Chiediamo quindi una spietata confisca di tutti i guadagni di guerra,

13. Chiediamo la nazionalizzazione di tutte le imprese che fino ad oggi sono state costituite in società (Trust).

14. Chiediamo che i profitti del commercio all'ingrosso siano ripartiti.

15. Chiediamo un ampio sviluppo della previdenza per la vecchiaia.

16. Chiediamo la creazione e il mantenimento di una classe media sana, l'immediata messa in comune dei locali commerciali all'ingrosso e la loro locazione a basso costo per i piccoli commercianti, e che venga mostrata estrema considerazione per tutti i piccoli fornitori dello Stato, delle autorità distrettuali e delle località più piccole.

17. Chiediamo una riforma agraria adeguata alle nostre esigenze nazionali, l'approvazione di una legge per la confisca senza indennizzo delle terre per scopi comunitari, l'abolizione degli interessi sui prestiti fondiari e la prevenzione di tutte le speculazioni sulla terra.

18. Chiediamo un'azione penale spietata nei confronti di coloro le cui attività sono dannose per l'interesse comune. I sordidi criminali contro la nazione, gli usurai, i profittatori, ecc. devono essere puniti con la morte, indipendentemente dal loro credo o dalla loro razza.

19. Chiediamo che la Legge Romana, che serve l'ordine mondiale materialista, sia sostituita da un sistema giuridico per tutta la Germania.

20. Con l'obiettivo di aprire a ogni tedesco capace e laborioso la possibilità di un'istruzione superiore e di ottenere così un avanzamento, lo Stato deve prendere in considerazione una profonda ricostruzione del nostro sistema educativo nazionale. Il programma di studi di tutti gli istituti scolastici deve essere allineato

alle esigenze della vita pratica. La comprensione dell'idea dello Stato (sociologia dello Stato) deve essere l'obiettivo della scuola, a partire dai primi albori dell'intelligenza dell'alunno. Chiediamo lo sviluppo dei figli dotati di genitori poveri, indipendentemente dalla loro classe o occupazione, a spese dello Stato.

21. Lo Stato deve provvedere a elevare il livello di salute della nazione proteggendo le madri e i neonati, proibendo il lavoro minorile, aumentando l'efficienza corporea attraverso la ginnastica e gli sport obbligatori stabiliti per legge e sostenendo ampiamente i club impegnati nello sviluppo corporeo dei giovani.

22. Chiediamo l'abolizione dell'esercito a pagamento e la formazione di un esercito nazionale.

23. Chiediamo una guerra legale contro la menzogna politica consapevole e la sua diffusione nella stampa. Per facilitare la creazione di una stampa nazionale tedesca chiediamo:

(a) che tutti i redattori di giornali e i loro assistenti che utilizzano la lingua tedesca devono essere membri della nazione;

(b) che sia necessaria un'autorizzazione speciale dello Stato per la pubblicazione di giornali non tedeschi. Questi non sono necessariamente stampati in lingua tedesca;

(c) che ai non tedeschi sia proibito per legge di partecipare finanziariamente a giornali tedeschi o di influenzarli, e che la pena per la violazione della legge sia la soppressione di tali giornali e l'immediata deportazione dei non tedeschi interessati.

Deve essere vietata la pubblicazione di documenti che non contribuiscono al benessere nazionale. Chiediamo che vengano perseguite legalmente tutte le tendenze artistiche e letterarie che possono disintegrare la nostra vita come nazione e che vengano soppresse le istituzioni che si oppongono ai requisiti sopra menzionati.

24. Chiediamo la libertà per tutte le confessioni religiose nello Stato, nella misura in cui non sono un pericolo per esso e non militano contro i sentimenti morali della razza tedesca.

Il Partito, in quanto tale, è a favore di un cristianesimo positivo, ma non si lega in materia di credo a nessuna confessione particolare. Combatte lo spirito giudaico-materialista in noi e fuori di noi, ed è convinto che la nostra nazione possa raggiungere una salute permanente dall'interno solo in base al principio:

L'INTERESSE COMUNE PRIMA DI QUELLO PERSONALE

25. Affinché tutto ciò possa essere realizzato, chiediamo la creazione di un forte potere centrale dello Stato. Autorità indiscussa del Parlamento politicamente centralizzato sull'intero Reich e sulla sua organizzazione; e formazione di Camere per classi e professioni allo scopo di attuare le leggi generali promulgate dal Reich nei vari Stati della confederazione.

I dirigenti del Partito giurano di andare dritti per la loro strada - se necessario sacrificando la loro vita - per assicurare l'adempimento dei punti precedenti. Monaco, 24 febbraio 1920.

Fonte: Traduzione ufficiale in inglese di E. Dugdale, ripresa da Kurt G, W. Ludecke, *I Knew Hitler* (New York: Charles Scribner's Sons, 1937),

Appendice B

Dichiarazione giurata di Hjalmar Schacht

Io, Dr. Hjalmar Schacht, dopo essere stato avvertito che sarò punito per aver reso dichiarazioni false, dichiaro qui sotto giuramento, di mia spontanea volontà e senza alcuna coercizione, quanto segue:

Le somme versate dai partecipanti alla riunione del 20 febbraio 1933 a casa di Goering furono pagate dai medesimi ai banchieri. Delbruck, Schickler & Co. di Berlino, all'accredito di un conto "Nationale Treuhand" (che può essere tradotto come Amministrazione fiduciaria nazionale). Fu stabilito che io avessi il diritto di disporre di questo conto, che amministravo in qualità di fiduciario, e che in caso di mia morte, o in caso di cessazione dell'amministrazione fiduciaria in qualsiasi altro modo, Rudolf Hess avesse il diritto di disporre del conto.

Ho disposto degli importi di questo conto emettendo assegni a favore del signor Hess. Non so cosa abbia effettivamente fatto il signor Hess con il denaro.

Il 4 aprile 1933 chiusi il conto con Delbruck, Schickler & Co. e feci trasferire il saldo sul "Conto Ic" presso la Reichsbank che risultava a mio nome. In seguito mi fu ordinato direttamente da Hitler, autorizzato dall'assemblea del 20 febbraio 1933 a disporre delle somme raccolte, o tramite Hess, suo vice, di versare il saldo di circa 600.000 marchi a Ribbentrop.

Ho letto attentamente la presente dichiarazione giurata (una pagina) e l'ho firmata. Ho apportato le necessarie correzioni di mio pugno e ho siglato ogni correzione a margine della pagina. Dichiaro sotto giuramento di aver dichiarato tutta la verità in base alle mie conoscenze e convinzioni.

(Firmato) Dr. Hjalmar Schacht

12 agosto 1947

In una successiva dichiarazione giurata del 18 agosto 1947 (N1-9764, Pros. Ex 54), Schacht dichiarò quanto segue in merito al suddetto interrogatorio:

"Ho rilasciato tutte le dichiarazioni contenute in questo interrogatorio a Clifford Hyanning, un investigatore finanziario delle Forze Armate Americane, di mia spontanea volontà e senza alcuna coercizione. Ho riletto oggi questo interrogatorio e posso affermare che tutti i fatti in esso contenuti sono veri secondo le mie migliori conoscenze e convinzioni. Dichiaro con la presente sotto giuramento di aver dichiarato tutta la verità al meglio delle mie conoscenze e convinzioni".

Fonte: Copia del documento Prosecution Exhibit 55. *Processo ai criminali di guerra davanti ai Tribunali militari di Norimberga in base alla Legge del Consiglio di controllo n. 10*, Norimberga, ottobre 1946-aprile 1949, Volume VII, I.G. Farben, (Washington: U.S. Government Printing Office, 1952).

Appendice C

Voci del conto "National Trusteeship" trovate negli archivi della Delbruck, Schickler Co. Ltd.

PRESIDENTE DELLA BANCA NAZIONALE FIDUCIARIA DI REICHSBANK DR. HJALMAR SCHACHT, BERLINO-ZEHLENDORF

23 febbraio	Debibk (Deutsche Bank Diskonto-Gesellschaft) Verein fuer die bergbaulichen Interessen, Essen		23 febbraio	200,000.00
24	Trasferimento sul conto di Rudolf Hess, attualmente a Berlino	100,000.00	24	
24	Karl Herrmann		25	150,000.00
	Salone dell'Automobile, Berlino		25	100,000.00
25	Direttore A. Steinke		27	200,000.00
25	Demag A.G., Duisberg		27	50,000.00
27	Telefunken Gesellschaft ruer draht lose Telegraphie Berlino		28	85,000.00
	Osram G.m.b.H., Berlino		28	40,000.00
27	Bayerische Hypotheken-und Wech selbank, filiale di Monaco, Kauflingerstr. A favore di Verlag Franz Eher Nachf, Monaco di Baviera	100,000.00	28	
27	Trasferimento al conto Rudolf Hess, Berlino	100,000.00	27	
28	I.G. Farbenindustrie A.G. Frankfurt/M		1 marzo	400,000.00
28	Spese telegrafiche per il trasferimento a Monaco	8.00	28 febbraio	
1 marzo	Il vostro pagamento		2 marzo	125,000.00

2	Trasferimento telematico alla Bayerische Hypotheken-und Wechselbank, filiale di Monaco, Bayerstr.			
	per conto di Josef Jung	400,000.00	2	
	Spese di trasferimento telegrafico	23.00	2	
	Trasferimento del conto Rudolf Hess	300,000.00		
2	Rimborso del direttore Karl Lange, Berlino		3	30,000.00
3	Rimborso del Dir. Karl Lange, conto "Maschinen-industrie".		4	20,000.00
	Rimborso da Verein ruer die bergbaulichen Interessen, Essen		4	100,000.00
	Rimborso da Karl Herrmann, Berlino, Dessauerstr. 28/9		4	150,000.00
	Rimborso da Allgemeine Elektrizitaetsgesellschaft, Berlino		4	60,000.00
7	Rimborso dal General-direktor Dr. F. Springorum, Dortmund		8	36,000.00
8	Trasferimento della Reichsbank: Bayerische Hypotheken-und Wechselbank,			
	filiale Kauffingerstr.	100,000.00	8	
		1,100,031.00		1,696,000.00
		1,100,031.00	8 marzo	1,696,000.00
8 marzo	Bayerische Hypotheken-und Wechselbank, Monaco, filiale Bayerstr.	100,000.00	8	
	Trasferimento al conto Rudolf Hess	250,000.00	7	

10	Accumulatoren-Fabrik A.G. Berlino		11	25,000.00
13	Verein f.d. bergbaulichen Interessen, Essen		14	300,000.00
14	Rimborso Rudolf Hess	200,000.00	14	
29	Rimborso Rudolf Hess	200,000.00	29	
4 aprile	Commerz-und Privatbank Dep. Kasse N. Berlin W.9 Potsdamerstr. 1 f. Speciale			
	Conto S 29	99,000.00	4 aprile	
5	Interessi secondo l'elenco 1			
	percentuale		5	404.50
	Bollette telefoniche	1.00	5	
	Affrancatura	2.50	5	
	Equilibrio	72,370.00	5	
	Saldo riportato	2,021,404.50		2,021,404.50
			5 aprile	72,370.00

Appendice D

Lettera del Dipartimento della Guerra degli Stati Uniti alla Ethyl Corporation

Reperto n. 144

(Scritto a mano) Il sig. Webb ha inviato copie per gli altri direttori.

Copia a: Alfred P. Sloan, Jr., General Motors Corp, New York City, Donaldson Brown, General Motors Corp, New York City.

15 dicembre 1934.

Il signor E. W. Webb,

Presidente Ethyl Gasoline Corporation, 185 E, 42nd Street, New York City. Egregio signor Webb, ho appreso oggi, tramite la nostra Divisione Prodotti Chimici Organici, che la Ethyl Gasoline Corporation ha in mente di formare una società tedesca con la I.G. per produrre piombo etilico in quel paese.

Ho appena trascorso due settimane a Washington, una parte non trascurabile delle quali è stata dedicata a criticare lo scambio con aziende straniere di conoscenze chimiche che potrebbero avere un valore militare. La cessione di tali informazioni da parte di un'azienda industriale potrebbe avere ripercussioni gravissime su di essa. La Ethyl Gasoline Corporation non farebbe eccezione, anzi, sarebbe probabilmente oggetto di un attacco speciale a causa della proprietà delle sue azioni.

A prima vista, sembrerebbe che la quantità di piombo

etilico utilizzata per scopi commerciali in Germania sia troppo piccola per essere perseguita. È stato affermato che la Germania si sta armando segretamente. Il piombo etilico sarebbe senza dubbio un valido aiuto per gli aerei militari.

Le scrivo per dirle che, a mio parere, in nessun caso lei o il Consiglio di Amministrazione della Ethyl Gasoline Corporation dovreste rivelare alla Germania segreti o "know how" relativi alla produzione di piombo tetraetile.

Sono stato informato che sarete avvisati, tramite la Divisione Coloranti, della necessità di divulgare le informazioni che avete ricevuto dalla Germania ai funzionari competenti del Dipartimento della Guerra.

Cordiali saluti,

Fonte: Senato degli Stati Uniti, Hearings before a Subcommittee of the Committee on Military Affairs, *Scientific and Technical Mobilization*, 78[th]Congress, Second Session, Part 16, (Washington D.C.: Government Printing Office, 1944), p. 939.

Appendice E

Estratto dal Diario di Morgenthau (Germania) riguardante Sosthenes Behn dell'I.T.T.

16 marzo 1945

Ore 11:30.

RIUNIONE DI GRUPPO

Bretton Woods - I.T. e T. - Riparazioni

Presente:

Signor White
Sig. Fussell
Sig. Feltus
Sig. Coe
Sig. DuBois
Sig.ra Klotz

H.M., Jr: Frank, puoi descrivere la questione dell'I.T.&T.?

Coe: Sì, signore. Tra l'altro, ieri o pochi giorni fa I.T. &T. ha trasferito o ottenuto 15 milioni di dollari di debiti in dollari pagati dal governo spagnolo, cosa che gli è consentita dalla nostra licenza generale, quindi va bene così. Tuttavia, nella loro rappresentazione a noi è parte di un accordo per la vendita della società in Spagna, quindi stanno cercando di forzare la mano. Ora, la proposta che hanno avanzato per anni in forme diverse assume questa forma. Possono ottenere il pagamento dei loro crediti in dollari, cosa che dicono di non essere stati in grado di fare finora - o 15 milioni di dollari ora e 10 o 11 milioni di dollari in seguito. Venderanno l'azienda alla Spagna e riceveranno in cambio 30 milioni di dollari di obbligazioni - titoli di Stato spagnoli - da ammortizzare in un certo numero di anni e più o meno al ritmo di 2 milioni di dollari all'anno, e riceveranno il 90% di queste esportazioni per ammortizzare più velocemente le obbligazioni, se vogliono esportare l'azienda negli Stati Uniti.

H. M. Jr: Come il commerciante di fiammiferi di cui ho parlato nel mio discorso.

Coe: Esatto. Il governo spagnolo. Sono disposti, dicono - sono in grado di ottenere dal governo spagnolo garanzie, che queste non saranno, che le azioni che il governo spagnolo intende rivendere non andranno a nessuno della lista nera, e così via. In alcune trattative che abbiamo avuto con loro nelle ultime settimane, si sono dimostrati disposti ad approfondire questo aspetto. La nostra esitazione sulla questione riguarda due aspetti: il primo è che non ci si può fidare di Franco, e che se loro sono in grado - se Franco è in grado di vendere 50 milioni di dollari di azioni di questa società in Spagna nel prossimo periodo di tempo, potrebbe benissimo venderle a interessi filo-tedeschi. Sembra dubbio che possa cederla agli spagnoli, quindi questa è la prima cosa. La seconda cosa non possiamo documentarla troppo bene, ma credo che sia più evidente nella mia mente che in quella dei Fondi Esteri e dei legali. Non credo che possiamo fidarci di Behn.

Signor White: Sono sicuro che non può.

Mr. Coe: Abbiamo qui le registrazioni di colloqui, risalenti a molto tempo fa, che alcuni dei vostri uomini hanno avuto con Behn - Klaus era uno di loro - in cui Behn ha detto di aver avuto conversazioni con Goering con la proposta che Goering dovesse detenere le proprietà della I.T. &T. in Germania, e come ricorderete, la I.T. &T. qui ha cercato di acquistare la General Aniline e di farla diventare un'azienda americana e questo era parte dell'accordo che Behn ha detto allo Stato e ai nostri avvocati molto francamente di aver discusso. Pensava che fosse perfettamente giusto proteggere la proprietà: Questo accadeva prima dell'entrata in guerra,

H. M., Jr.: Non me lo ricordo,

Mr. Coe: L'uomo che si occupa delle loro proprietà ora è Westrick che, come ricorderete, è venuto qui ed è stato coinvolto nella Texaco. Prima hanno cercato in tutti i modi di fare accordi per fuggire. Sono legati a un gruppo tedesco di alto livello e così via. D'altra parte, il colonnello Behn è stato usato più volte come emissario dal Dipartimento di Stato e credo che personalmente sia in ottimi rapporti con Stettinius. Abbiamo sentito il Dipartimento di Stato che non ha obiezioni su questa lettera. Vi abbiamo proposto in precedenza - la lettera che vi ho inviato suggeriva di chiedere allo Stato se, alla luce dei nostri obiettivi di rifugio sicuro, avessero ancora risposto di sì. Sono sicuro che, dopo aver parlato con loro al telefono negli ultimi due giorni, ci risponderanno dicendo che sì, pensano ancora che sia un buon accordo.

H. M., Jr: Questa è la posizione in cui mi trovo. Come voi signori sapete, ora sono oberato di lavoro e non posso occuparmi personalmente di questa faccenda, e penso che dovremo semplicemente affidare la questione al Dipartimento di Stato, e se vorranno autorizzarla, va bene. Ma non ho il tempo o l'energia per combattere con loro su questa base.

Mr. Coe: Allora dovremmo concedere la licenza adesso.

Signor White: Prima dovrebbe ricevere una lettera. Sono d'accordo con il Segretario sul fatto che non ci si può fidare di questo Behn dietro l'angolo. C'è qualcosa in questo accordo che sembra sospetto e lo è stato negli ultimi due anni in cui abbiamo avuto a che fare con lui. Tuttavia, una cosa è crederlo e un'altra è difenderlo di fronte alle pressioni che verranno esercitate per privare questa società dell'affare, ma penso che ciò che potremmo fare è far mettere a verbale al Dipartimento di Stato che, in vista di un progetto di rifugio sicuro, non pensano che ci sia alcun pericolo che uno di questi beni - ne citerei alcuni, scriverei la lettera. Metteteli a verbale e fateli anche un po' spaventare e resistere, o almeno avranno avuto il verbale e voi avrete richiamato la loro attenzione su questi pericoli.

Questo Behn ci odia a morte. Sono almeno 4 anni che ci frapponiamo tra lui e gli accordi.

H. M., Jr: Seguire ciò che ha detto White. Qualcosa del genere. "Caro signor Stettinius, sono preoccupato per queste cose a causa dei seguenti fatti e vorrei che lei mi consigliasse se dobbiamo o non dobbiamo.... "

Signor White: "In considerazione del pericolo che le attività tedesche possano essere occultate qui, il futuro -" e lasciate che torni a dire "No", e noi lo terremo d'occhio.

Signor Coe: Abbiamo detto che volevamo dare qualcosa ad Acheson lunedì.

H. M., Jr: E se me lo preparate entro domani mattina, lo firmerò.
Signor Coe: O.K.

Fonte: Senato degli Stati Uniti, Sottocommissione per indagare sull'amministrazione della legge sulla sicurezza interna. Committee on the Judiciary, *Morgenthau Diary (Germany)*, Volume 1, 90th Congress, 1st Session, November 20, 1967, (Washington D.C.: U.S. Government Printing Office, 1967), p. 320 del libro 828. (Pagina 976 della stampa del Senato degli Stati Uniti).

Nota: "Mr. White" è Harry Dexter White. Dr. Dubois" è Josiah E. Dubois, Jr. autore del libro "*Generals in Grey Suits*" (Londra: The Bodley Head, 1953). "H.M. Jr." è Henry Morgenthau Jr., Segretario del Tesoro.

Questo memorandum è importante perché accusa Sosthenes Behn di aver tentato di fare accordi dietro le quinte nella Germania nazista "per almeno 4 anni", *cioè* mentre il resto degli Stati Uniti era in guerra, Behn e i suoi amici continuavano a fare affari come al solito con la Germania. Questo memorandum supporta le prove presentate nei capitoli cinque e nove sull'influenza dell'I.T.T. nella cerchia ristretta di Himmler e aggiunge Herman Goering all'elenco dei contatti dell'I.T.T..

Bibliografia selezionata

Allen, Gary. *Nessuno osi chiamarla cospirazione*. Seal Beach, California: Concord Press, 1971.

Ambruster, Howard Watson. *La pace del tradimento*. New York: The Beechhurst Press, 1947.

Angebert, Michel. *L'occulto e il Terzo Reich*. New York: The Macmillan Company, 1974.

Archer, Jules. *Il complotto per impadronirsi della Casa Bianca*. New York: Hawthorn Books, 1973.

Baker, Philip Noel. *Falconieri della morte*. Il Partito laburista, Inghilterra, 1984.

Barnes, Harry Elmer. *Guerra perpetua per una pace perpetua*. Caldwell, Idaho: Caxton Printers, 1958.

Bennett, Edward W. *Germany and the Diplomacy of the Financial Crisis, 1931*. Cambridge: Harvard University Press, 1962.

Der Farben-Konzern 1928. Hoppenstedt, Berlino, 1928.

Dimitrov, George, *Il processo per l'incendio del Reichstag*. Londra: The Bodley Head, 1984.

Dodd, William E. Jr. e Dodd, Martha. *Diario dell'ambasciatore Dodd, 1933-1938*. New York: Harcourt Brace and Company, 1941.

Domhoff, G. William. *I circoli superiori: La classe dirigente in America*. New York: Vintage, 1970.

Dubois, Josiah E., Jr. *Generali in abito grigio*. Londra: The Bodley Head, 1958.

Engelbrecht, H.C. *Mercanti di morte*. New York: Dodd, Mead &

Company, 1984.

Engler, Robert. *La politica del petrolio*. New York: The Macmillan Company, 1961.

Epstein, Julius. *Operazione Keelhaul*. Old Greenwich: Devin Adair, 1978.

Farago, Ladislas. *Il gioco delle volpi*. New York: Bantam, 1978.

Flynn, John T. *As We Go Marching*, New York: Doubleday, Doran and Co., Inc., 1944.

Guerin, Daniel. *Fascismo e grande capitale*. Parigi: Francois Maspero, 1965.

Hanfstaengl, Ernst. *Testimone inascoltato*. New York: J. B. Lippincott, 1957.

Hargrave, John. *Montagu Norman*. New York: The Greystone Press, n.d.

Harris, C.R.S. *L'indebitamento estero della Germania*. Londra: Oxford University Press, 1985.

Helfferich, Dr. Karl. *Progresso economico e ricchezza nazionale della Germania, 1888-1913*. New York: Germanistic Society of America, 1914.

Hexner, Ervin. *Cartelli internazionali*. Chapel Hill: University of North Carolina Press, 1945.

Howard, Colonnello Graeme K. L'*America e un nuovo ordine di vermi*. New York: Scribners, 1940.

Kolko, Gabriel. "Gli affari americani e la Germania, 1930-1941", *The Western Political Quarterly*, volume XV, 1962.

Kuezynski, Robert R. *Bankers' Profits from German Loans*,

Washington, D.C.: The Brookings Institution, 1982.

Leonard, Jonathan. *La tragedia di Henry Ford*. New York: G.P. Putnam's Sons, 1932.

Ludecke, Kurt G.W. *I Knew Hitler*. New York: Charles Scribner's Sons, 1937.

Magers, Helmut. *Ein Revolutionar Aus Common Sense*. Lipsia: R. Kittler Verlag, 1934.

Martin, James J, *Punti di vista revisionisti*. Colorado: Ralph Mules, 1971.

Martin, James Stewart. *Tutti gli uomini d'onore*, Boston: Little Brown and Company, 1950.

Muhlen, Norbert. *Schacht: Hitler's Magician*. New York: Longmans, Green and Co., 1939.

Nixon, Edgar B. *Franklin D. Roosevelt e gli affari esteri*. Cambridge: Belknap Press, 1969.

Annuario del petrolio e degli idrocarburi, 1938.

Papen, Franz yon. *Memorie*. New York: E.P. Dutton & Co., 1953.

Peterson, Edward Norman. *Hjalmar Schacht*. Boston: The Christopher Publishing House, 1954.

Phelps, Reginald H. *"Before Hitler Came": Thule Society and Germanen Orden*, in *Journal of Modern History*, settembre 1963.

Quigley, Carroll, *Tragedia e speranza*. New York: The Macmillan Company, 1966.

Ravenscroft, Trevor, *La lancia del destino*. New York: G.P. Putnam's Sons, 1973.

Rathenau, Walter. *Nei giorni a venire*. Londra: Allen & Unwin, n.d.

Roberts, Glyn. *L'uomo più potente del mondo*. New York: Covici, Friede, 1938.

Sampson, Anthony. *Lo Stato sovrano dell'*I.T.T. New York: Stein & Day, 1975.

Schacht, Hjalmar. *Confessioni del "Vecchio Mago"*. Boxton: Houghton Mifflin, 1956.

Schloss, Henry H. *La Banca dei Regolamenti Internazionali*. Amsterdam: North Holland Publishing Company, 1958.

Seldes, George. *Ferro, sangue e profitti*. New York e Londra: Harper & Brothers Publishers, 1934.

Simpson, Colin. *Lusitania*. Londra; Longman, 1972.

Smoot, Dan. *Il governo invisibile*. Boston: Western.Islands, 1962, Strasser, Otto. *Hitler e io*. Londra: Jonathan Cape, n.d.

Sonderegger, René. *Spanischer Sommer*. Affoltern, Svizzera: Aehren Verlag, 1948.

Stocking, George W. e Watkins, Myron W. *Cartelli in azione*. New York: The Twentieth Century Fund, 1946.

Sutton, Antony C. *Suicidio nazionale: Aiuto militare all'Unione Sovietica*. New York: Arlington House Publishers, 1978.

Wall Street e la rivoluzione bolscevica. New York: Arlington House Publishers, 1974.

Wall Street e FDR. New York: Arlington House Publishers, 1975.

Tecnologia occidentale e sviluppo economico sovietico, 1917-1930. Stanford, California: Hoover Institution Press, 1968.

Tecnologia occidentale e sviluppo economico sovietico, 1980-1945.
Stanford, California: Hoover Institution Press, 1971.

Tecnologia occidentale e sviluppo economico sovietico, 1945-1965.
Stanford, California: Hoover Institution Press, 1973.

Sward, Keith. *La leggenda di Henry Ford.* New York: Rinehart &
Co., 1948.

Thyssen, Fritz. *Ho pagato Hitler.* New York: Farrar & Rinehart, Inc.,
n.d. "Trials of War Criminals Before the Nuremburg Military
Tribunals Under Control Council Law No. 10", Volume VIII, caso
I.G. Farben, Norimberga, ottobre 1946-aprile 1949. Washington:
Government Printing Of-flee, 1953. United States Army Air Force,
Rapporto sui punti di mira n. 1.E.2 del 29 maggio 1943.

Senato degli Stati Uniti, Audizioni davanti alla Commissione per le
Finanze. *Vendita di obbligazioni o titoli stranieri negli Stati Uniti.* 72°
Congresso, 1a sessione, S. Res. 19, parte 1, 18, 19 e 21 dicembre
1931. Washington: Government Printing Office, 1931.

Senato degli Stati Uniti, Audizioni davanti a una sottocommissione
della commissione per gli affari militari. *Mobilitazione scientifica e
tecnica.* 78° Congresso, 2a Sessione, S. Res. 107, Parte 16, 29 agosto
e 7, 8, 12 e 13 settembre 1944. Washington: Government Printing
Office, 1944.

Congresso degli Stati Uniti. Camera dei Rappresentanti. *Commissione
speciale sulle attività antiamericane e sull'indagine di alcune altre
attività di propaganda.* 73° Congresso, 2a sessione, audizioni n. 73-
DC-4. Washington: Government Printing Office, 1934.

Congresso degli Stati Uniti. Camera dei Rappresentanti. Commissione
speciale sulle attività antiamericane (1934). *Indagine sulle attività
naziste e altre attività di propaganda.* 74° Congresso, 1a sessione,
Rapporto n. 153. Washington: Government Printing Office, 1934.

Congresso degli Stati Uniti. Senato. Audizioni davanti a una
sottocommissione della commissione per gli affari militari.
Eliminazione delle risorse tedesche per la guerra. Relazione ai sensi

delle risoluzioni 107 e 146 del 2 luglio 1945, parte 7. 78° Congresso e 79° Congresso. Washington: Government Printing Office, 1945.

Congresso degli Stati Uniti. Senato. Audizioni davanti a una sottocommissione della Commissione per gli Affari Militari. *Mobilitazione scientifica e tecnica.* 78° Congresso, 1° sessione, S. 702, Parte 16, Washington: Government Printing Office, 1944.

Consiglio di Controllo del Gruppo degli Stati Uniti (Germania), Ufficio del Direttore dell'Intelligence, Agenzia di Informazione sul Campo. Rapporto tecnico di intelligence n. EF/ME/1. 4 settembre 1945.

Sente degli Stati Uniti. Sottocommissione per indagare sull'amministrazione della legge sulla sicurezza interna, Commissione giudiziaria. *Diario di Morgenthau (Germania).* Volume 1, 90° Congresso, 1° sessione, 20 novembre 1967. Washington: U.S. Government Printing Office, 1967.

Fascicolo decimale del Dipartimento di Stato degli Stati Uniti.

Indagine sui bombardamenti strategici degli Stati Uniti. *AEG-Ostlandwerke GmbH*, di Whitworth Ferguson. 81 maggio 1945.

Indagine sui bombardamenti strategici negli Stati Uniti. *Rapporto sull'industria tedesca delle apparecchiature elettriche.* Divisione apparecchiature, gennaio 1947.

United States Strategic Bombing Survey, *Rapporto di impianto della A.E.G.* (Allgemeine Elektrizitats Gesellschaft). Norimberga, Germania: Giugno 1945.

Zimmerman, Werner. *Liebet Eure Feinde.* Frankhauser Verlag: Thielle-Neuchatel, 1948.

Altri titoli

OMNIA VERITAS®
Omnia Veritas Ltd presenta:
HERVÉ RYSSEN
LE SPERANZE PLANETARIE
Il trionfo della democrazia sul comunismo sembrava aver aperto le porte a una nuova era, a un "Nuovo Ordine Mondiale" e a preparare tutte le nazioni a un'inevitabile fusione planetaria.
HERVÉ RYSSEN
Le SPERANZE PLANETARIE
L'idea di un mondo senza confini e di un'umanità finalmente unificata non è certo nuova...

OMNIA VERITAS®
Omnia Veritas Ltd presenta:
HERVÉ RYSSEN
Lo specchio del GIUDAISMO
L'inversione accusatoria
HERVÉ RYSSEN
Lo specchio del GIUDAISMO
L'inversione accusatoria
è assolutamente impossibile definire l'identità ebraica senza spiegare la "missione" del "popolo eletto".
Andare al cuore del problema rivelando l'oscuro segreto della comunità ebraica

OMNIA VERITAS®
Omnia Veritas Ltd presenta:
HERVÉ RYSSEN
PSICOANALISI del GIUDAISMO
HERVÉ RYSSEN
PSICOANALISI del GIUDAISMO
L'ebraismo, infatti, non è solo una religione. È anche un progetto politico il cui obiettivo è l'abolizione delle frontiere, l'unificazione della terra e l'instaurazione di un mondo di "pace".
Questo libro rappresenta lo studio più completo sulla questione ebraica mai intrapreso

OMNIA VERITAS
Omnia Veritas Ltd presente:
HERVÉ RYSSEN
Storia dell'
ANTISEMITISMO
spiegata da un goy
La storia dell'ebraismo è la storia di un popolo – o di una setta – in guerra permanente contro il resto dell'umanità...
Dopo aver letto questo libro, speriamo che nessuno parli più di civiltà "giudaico-cristiana"...
HERVÉ RYSSEN
Storia dell'
ANTISEMITISMO
spiegata da un goy

OMNIA VERITAS
OMNIA VERITAS LTD PRESENTA:
STORIA PROSCRITTA
I
BANCHIERI E RIVOLUZIONI
DA
VICTORIA FORNER
I processi rivoluzionari hanno bisogno di agenti, organizzazione e, soprattutto, finanziamenti, denaro.
STORIA PROSCRITTA
I
BANCHIERI E RIVOLUZIONI
LE COSE A VOLTE NON SONO COME SEMBRANO...

OMNIA VERITAS
OMNIA VERITAS LTD PRESENTA:
STORIA PROSCRITTA
II
LA STORIA SEGRETA DEL PERIODO INTERBELLICO
DA
VICTORIA FORNER
"Il vero crimine è porre fine a una guerra per rendere inevitabile la prossima."
STORIA PROSCRITTA
II
LA STORIA SEGRETA DEL PERIODO INTERBELLICO
IL TRATTATO DI VERSAILLES ERA UN "DIKTAT DI ODIO E FURTO"

OMNIA VERITAS.

Diverse forze stavano
spingendo verso la guerra tra
i paesi europei...

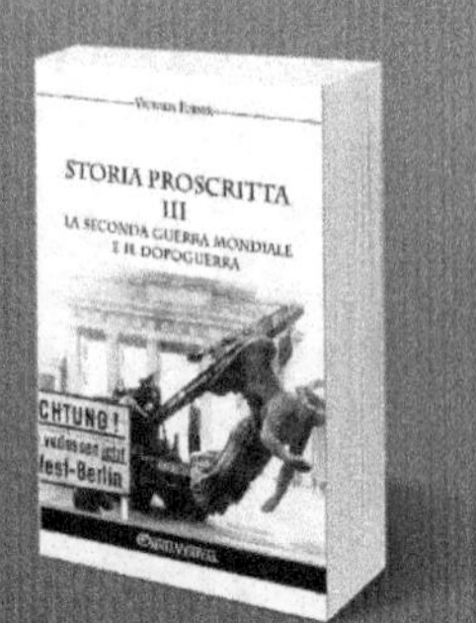

STORIA PROSCRITTA
III
LA SECONDA GUERRA MONDIALE
E IL DOPOGUERRA

OMNIA VERITAS.

Mai, nella storia dell'umanità,
si sono verificate circostanze
simili a quelle che stiamo per
esaminare...

STORIA PROSCRITTA
IV
L'OLOCAUSTO EBRAICO, UN NUOVO
DOGMA DI FEDE PER L'UMANITÀ

OMNIA VERITAS.
www.omnia-veritas.com